LA GUIA DEFINITIVA DE CÓCTELES CON VINO

100 RECETAS DE CÓCTELES CON VINO PARA CALMAR LA SED DEL VERANO

PABLO JORGE

Reservados todos los derechos.

Descargo de responsabilidad

La información contenida en este libro electrónico está destinada a servir como una colección completa de estrategias sobre las que el autor de este libro electrónico ha investigado. Los resúmenes, estrategias, consejos y trucos son solo recomendaciones del autor, y leer este libro electrónico no garantiza que los resultados de uno reflejen exactamente los resultados del autor. El autor del eBook ha realizado todos los esfuerzos razonables para proporcionar información actualizada y precisa a los lectores del eBook. El autor y sus asociados no se hacen responsables de cualquier error u omisión no intencional que pueda encontrarse. El material del eBook puede incluir información de terceros. Los materiales de terceros se componen de opiniones expresadas por sus propietarios. Como tal, el autor del libro electrónico no asume responsabilidad alguna por ningún material u opiniones de terceros.

El libro electrónico tiene derechos de autor © 2022 con todos los derechos reservados. Es ilegal redistribuir, copiar o crear trabajos derivados de este libro electrónico en su totalidad o en parte. Ninguna parte de este informe puede ser reproducida o retransmitida de ninguna forma sin el permiso escrito, expreso y firmado del autor.

TABLA DE CONTENIDO

TABLA DE CONTENIDO.. 4

INTRODUCCIÓN.. 8

VINOS INFUSADOS...10

1. VINO BLANCO INFUNDIDO CON SANGRÍA 11
2. NARANJAS E HIGOS EN VINO TINTO ESPECIADO 14
3. VINO INFUNDIDO CON CAFÉ DE ANÍS ESTRELLADO 17
4. VINO DE ROSAS, FRESAS Y UVA 20
5. MELOCOTONES DE VINO DE HIELO.................................... 23
6. VINO DE LIMÓN Y ROMERO 25
7. VINO DE KIWI CASERO 28
8. MANGOS AL VINO... 30
9. VINO DE DIENTE DE LEON 32
10. VINO DE MANZANA CALIENTE 34
11. COPA DE VINO DE ARÁNDANO CALIENTE JUNTO A LA CHIMENEA37
12. VINO DE PIMIENTA 40
13. PIÑA AL OPORTO 42
14. VINO DE RUIBARBO 45
15. VINO ESPECIADO CALIENTE 48
16. VINO CON INFUSIÓN DE ARÁNDANOS............................... 50
17. VINO INFUSIONADO CON FRAMBUESA Y MENTA.................. 52
18. VINO INFUNDIDO DE AMOR.. 54
19. MANZANAS AL VINO TINTO.. 57
20. VINO DE PIMIENTA DE BAJAN 60
21. VINO DE POSTRE DE NARANJA.. 62
22. NARANJA CON SIROPE DE VINO TINTO 65
23. VINO DE NARANJA 68
24. VINO DE JENGIBRE 71

25. Vino Caliente..73

26. Enfriador de vino 76

27. ponche de vino 78

28. Enfriador de vino de melocotón 81

29. Vino infundido con té verde 83

30. Refrescante vino daiquiri 86

31. Cóctel de melón y fresa 88

32. Brillo de vino enjoyado 91

33. Vino de romero y té negro...........................94

34. Spritzer de té Earl Grey 97

35. Chocolate caliente con infusión de vino..................99

36. Ponche de arándanos y vino 102

VINO-ALIMENTOS INFUSADOS.....................104

37. compota de frutas y vino............................... 105

38. Trufas de chocolate 108

39. helado con fresas................................ 111

40. Mousse de melón al vino muskat 114

41. Torta israelí de vino y nueces 117

42. Galletas de vino 120

43. Fondue de vino de grosella 122

44. Budín de pastel y vino 125

45. Granizado de vino tinto y arándanos 128

46. Coupé de melón y arándanos 131

47. Tarta de lima con crema de vino 134

48. Rollitos de vino matzá 137

49. Moustokouloura.................................. 140

50. Barquillos de naranja y vino 143

51. Bizcocho de naranja y almendras 146

52. Tarta de ciruelas con crème fraiche 149

53. Brownies de vino tinto 152

54. Panna cotta de vainilla 155

55. tarta de vino 158

56. SABAYÓN 161

57. FRUTAS DE INVIERNO AL VINO TINTO 163

58. PASTEL DE TÉ DE LIMÓN 166

59. MEJILLONES AL VINO Y AZAFRÁN 169

60. VIEIRAS EN SALSA DE VINO 172

61. FILETES DE HALIBUT CON SALSA DE VINO........................ 175

62. ROLLITOS DE CARNE GRIEGA EN SALSA DE VINO 178

63. LENTEJAS CON VERDURAS GLASEADAS........................ 181

64. HALIBUT EN SALSA DE VERDURAS 184

65. SALCHICHAS DE HIERBAS AL VINO 187

66. ROLLITOS DE PESCADO AL VINO BLANCO 190

67. TOFU DE HIERBAS EN SALSA DE VINO BLANCO 193

68. PULPO A LA PLANCHA EN ESCABECHE DE VINO TINTO 196

69. PLÁTANOS DULCES AL VINO AL HORNO 199

70. PASTA EN SALSA DE LIMÓN Y VINO BLANCO 201

71. PASTA CON MEJILLONES AL VINO............................... 204

72. FETUCINE AL VINO TINTO Y ACEITUNAS.......................... 207

73. PASTA ORECCHIETTE Y POLLO 210

74. TERNERA CON SALSA PORTOBELLO 213

75. SALCHICHA ITALIANA DE QUESO Y VINO TINTO 216

76. CHAMPIÑONES Y TOFU AL VINO 219

77. SOPA DE VINO DE ALBARICOQUE 222

78. SOPA DE CHAMPIÑONES CON VINO TINTO...................... 225

79. BORLEVES (SOPA DE VINO)..................................... 228

80. SOPA DE VINO DE CEREZA 231

81. SOPA DE MANZANA DANESA.................................... 233

82. ENSALADA DE GELATINA DE VINO DE ARÁNDANOS 236

83. MOSTAZA DIJON CON HIERBAS Y VINO 239

84. BUCATINI INFUSIONADO CON VINO 241

85. ESPÁRRAGOS AL VINO 244

86. CHULETILLAS DE CAZA MARINADAS EN MOSTAZA Y VINO.... 246

87. ALITAS DE POLLO CON ADEREZO DE VINO 248

88. OEUFS EN MEURETTE.. 251

89. Risotto de champiñones y vino tinto 254

90. Gazpacho de vino tinto 257

91. Arroz y verduras al vino 260

92. Salmón baby relleno de caviar 262

93. Arroz pilaf con ajo y vino 265

94. Hígado de cordero vasco con salsa de vino tinto ... 268

95. Ternera estofada en vino barolo 271

96. Scrod estofado en vino blanco 274

97. Calamares en umido 277

98. Rabo de toro estofado al vino tinto 280

99. Cazuela de pescado al vino 283

100. Chuletas De Cerdo A La Parrilla Con Infusión De

Vino 286

CONCLUSIÓN 289

INTRODUCCIÓN

¡Infundir con vino puede ser un placer y una mejora para una buena comida, bebida y una buena comida! Cuando el vino se calienta, el contenido alcohólico y los sulfitos desaparecen, quedando solo la esencia impartiendo un sabor sutil.

La primera y más importante regla: use solo vinos en su cocina o bebidas que bebería. ¡Nunca use ningún vino que NO BEBA! Si no te gusta el sabor de un vino, no te gustará el plato y la bebida en la que elijas usarlo.

¡No utilice los llamados "vinos de cocina!" Estos vinos suelen ser salados e incluyen otros aditivos que pueden afectar el sabor del plato y el menú elegidos. El proceso de cocción/reducción sacará lo peor de un vino inferior.

El vino tiene tres usos principales en la cocina: como ingrediente de adobo, como líquido para cocinar y como saborizante en un plato terminado.

La función del vino en la cocina es intensificar, realzar y acentuar el sabor y el aroma de los alimentos, no para enmascarar el sabor de lo que está cocinando sino para fortalecerlo.

Para obtener los mejores resultados, no se debe agregar vino a un plato justo antes de servirlo. El vino debe hervir a fuego lento con la comida o la salsa para realzar el sabor. Debe hervir a fuego lento con la comida o en la salsa mientras se cocina; a medida que el vino se cuece, se reduce y se convierte en un extracto que aromatiza.

Recuerde que el vino no pertenece a todos los platos. Más de una salsa a base de vino en una sola comida puede resultar monótono. Use el vino para cocinar solo cuando tenga algo que aportar al plato terminado.

VINOS INFUSADOS

1. Vino blanco infundido con sangría

Ingrediente

- 1/2 lima
- 1/2 limón
- 1 durazno
- 1/2 manzana verde
- 1.5 tazas de vino

Direcciones:

a) Asegúrate de que el vino esté al menos a temperatura ambiente o un poco más caliente.

b) Frote ligeramente el exterior de la lima y el limón, luego retire la ralladura con un pelador de verduras o un rallador. Asegúrese de que también se haya desprendido poca o ninguna médula, usando un cuchillo de cocina para quitar cualquiera. Frote ligeramente el exterior de la manzana, luego quítele el corazón y córtela en dados gruesos. Frote ligeramente el exterior del melocotón, luego retire el carozo y corte en dados gruesos la pulpa.

c) Coloque todo el Ingrediente en el sifón de batir con el vino. Selle el sifón batidor, cárguelo y gírelo durante 20 a 30 segundos. Deje reposar el sifón durante un minuto y medio más. Coloque una toalla sobre la parte superior del sifón y ventílelo. Abra el sifón y espere hasta que deje de burbujear.

d) Cuela el vino si lo deseas y déjalo reposar durante al menos 5 minutos antes de usarlo.

2. Naranjas e higos en vino tinto especiado

Ingrediente

- 2 tazas de vino tinto
- 1 taza de azúcar
- 1 pieza de canela en rama
- 4 anís estrellado; atado junto con
- 4 vainas de cardamomo; atado junto con
- 2 clavos enteros
- 6 naranjas Navel grandes; pelado
- 12 higos secos; reducido a la mitad
- ⅓ taza de nueces o pistachos; Cortado

Direcciones

a) Combine el vino, el azúcar y el bouquet garni en una cacerola lo suficientemente grande como para contener las naranjas y los higos en una sola capa. Llevar a fuego lento, tapado, a fuego moderado.

b) Agregue los higos y cocine a fuego lento durante 5 minutos. Agregue las naranjas y voltéelas durante 3 a 4 minutos, volteándolas para que se cocinen uniformemente.

c) Apaga el fuego y deja que las naranjas y los higos se enfríen en el almíbar. Retire la fruta a un tazón para servir. Reducir el almíbar a la mitad y dejar enfriar. Deseche la guarnición del ramo y vierta el jarabe sobre los higos y las naranjas.

3. Vino infundido con café de anís estrellado

Ingrediente

Para el vino tinto con infusión de café.

- 5 cucharadas de granos de café tostado
- 1 botella de 750 ml de vino tinto italiano seco
- 1 taza de agua
- 1 taza de azúcar turbinado
- anís de 12 estrellas

para el coctel

- 3 onzas de vino tinto con infusión de café
- 1 onza de Cocchi Vermouth di Torino, refrigerado
- 2 cucharaditas de sirope de anís estrellado
- 2 guiones de amargo azteca de Fee Brothers
- hielo (opcional)
- Guarnición: rama de canela o rizo de limón

Direcciones

a) Para el vino tinto con infusión de café: agregue los granos de café a la botella de vino, cierre con un tapón e infunda a temperatura ambiente durante 24 horas. Colar antes de usar.

b) Para el jarabe de anís estrellado: Llevar a ebullición el agua, el azúcar y el anís estrellado, revolviendo hasta que el azúcar se disuelva. Retire del fuego y deje en infusión durante 30 minutos. Colar y embotellar, mantener refrigerado.

c) Para cada bebida: en una copa de vino, mezcle el vino infundido con café, el vermú Cocchi, el jarabe de anís estrellado y el bíter de chocolate. Agrega hielo si lo deseas y decora.

4. Vino de rosas, fresas y uva

Ingrediente

- 100 g de fresas, peladas y en rodajas
- 1 pomelo rojo mediano, cortado en rodajas
- 1 ramita de rosa mosqueta, opcional (si es temporada)
- 1 cucharadita de agua de rosas
- 700 ml de vino rosado rubor

Direcciones:

a) Poner las fresas, el pomelo en rodajas y el agua de rosas en un bote o botella de cristal esterilizada de un litro y verter sobre el rosado. Cierra bien el frasco y guárdalo en el refrigerador durante la noche, agitando suavemente el frasco de vez en cuando para ayudar a infundir los sabores.

b) Cuando esté listo para servir, cuele el rosado a través de un colador de malla fina forrado con muselina o un paño limpio J en una jarra grande y deseche la fruta.

c) Para servir, agregue agua con gas a una cantidad de vino de rosas, fresas y pomelo rojo, y adorne con pétalos de rosas. Para un rociado de Aperol rosa, mezcle 200 ml de rosado infundido con 25 ml de Aperol y decore con una rodaja de pomelo.

5. Melocotones de vino de hielo

Ingrediente

- 6 duraznos frescos, sin piel, sin hueso y partidos por la mitad
- $\frac{1}{2}$ taza de azúcar (125ml)
- 1 taza de vino helado (250 ml)
- 1 taza de agua (250 ml)

Direcciones

a) En una cacerola combine 1 taza de agua, azúcar y vino helado y cocine a fuego lento hasta que el azúcar se haya disuelto. Cocine el almíbar durante 3 minutos adicionales, retire del fuego y reserve hasta que se necesite.

b) En un recipiente de vidrio, coloque las mitades de durazno y vierta el jarabe de vino helado encima y refrigere para permitir que los sabores se mezclen.

c) Servir frío en un bol pequeño y decorar con un chorrito de azúcar glas.

6. Vino de Limón y Romero

Ingrediente

- 1 botella de vino blanco Yo usaría Sauvignon Blanc, Pinot Gris, Pinot Grigio o Riesling
- 4 ramitas de romero fresco
- 3-4 trozos largos de cáscara de limón tratando de que no quede la médula blanca

Direcciones:

a) Abre tu botella de vino o utiliza esa botella que lleva unos días en tu nevera.

b) Limpia y seca tus hierbas (en este caso el romero).

c) Con un pelador de verduras, retire 4-5 trozos largos de ralladura de limón con cuidado de no quitar demasiado la brea blanca.

d) Agregue romero y ralladura de limón a la botella de vino.

e) Agregue un corcho y póngalo en su refrigerador durante la noche o varios días.

f) Deseche la cáscara de limón y las hierbas.

g) Bebe el vino.

7. Vino de kiwi casero

Ingrediente

- 75 kiwi maduro

- 2 libras de uvas rojas, congeladas

- 12 onzas 100% concentrado de uva

- 10 libras de azúcar

- 2 paquetes de levadura

Direcciones

a) Pelar el kiwi, hacer un puré con las uvas descongeladas, poner azúcar en la bombona, disolver completamente, agregar la fruta triturada, el concentrado de uva, el agua y la levadura.

b) Fermentar como de costumbre. este es solo el primer sabor de trasiego

8. mangos al vino

Ingrediente

- 12 mangos maduros
- ⅔litro vino tinto
- 130 gramos de azúcar glas
- 2 vainas de vainilla fresca

Direcciones

a) Retire la piel de los mangos y córtelos en dos, quitando las semillas.

b) Disponer con el lado hueco hacia arriba en un bol grande y cubrir con vino.

c) Añadir el azúcar y las vainas de vainilla. Hornee durante 45 minutos, deje enfriar y luego enfríe bien antes de servir.

9. Vino de diente de leon

Ingrediente

- 4 cuartos de flores de diente de león
- 4 cuartos de agua hirviendo
- 6 naranjas
- 4 limones
- 2 tortas de levadura
- 4 libras de azúcar

Direcciones

a) Escaldar las flores en agua hirviendo y dejar reposar toda la noche. A la mañana siguiente, colar, agregar la pulpa y el jugo de 6 naranjas, el jugo de 4 limones, la levadura y el azúcar.

b) Dejar fermentar durante 4 días, luego colar y embotellar. Servir en vasos pequeños a temperatura ambiente.

10. vino de manzana caliente

Ingrediente

- ½ taza de pasas
- 1 taza de ron claro
- 6 tazas de vino de manzana o sidra dura
- 2 tazas de jugo de naranja
- ⅓ taza de azúcar moreno
- 6 clavos enteros
- 2 palitos de canela
- 1 naranja, rebanada

Direcciones

a) En un tazón pequeño, remoje las pasas en ron durante varias horas o toda la noche.

b) En una cacerola grande, combine todos los ingredientes y caliente, revolviendo con frecuencia, hasta que el azúcar se disuelva. Cocine a fuego lento hasta que esté caliente. No hierva. Sirva en tazas o tazas para ponche resistentes al calor. Rinde 9 tazas

11. Copa de vino de arándano caliente junto a la chimenea

Ingrediente

- 4 tazas de cóctel de jugo de arándano
- 2 taza de agua
- 1 taza de azúcar
- Palo de canela de 4 pulgadas
- 12 clavos, enteros
- 1 cáscara de 1/2 limón, cortada en
- 1 tiras
- 2 Quinto de vino seco
- $\frac{1}{4}$ taza de jugo de limón

Direcciones

a) Combine el jugo de arándano, el agua, el azúcar, la canela, los clavos y la cáscara de limón en una cacerola. Llevar a ebullición, revolviendo hasta que el azúcar se disuelva.

b) Cocine a fuego lento, sin tapar, 15 minutos, cuele. Agregue el vino y el jugo de limón, caliente bien, pero NO HIRVA.

Espolvorea nuez moscada encima de cada porción, si lo deseas.

12. Vino de pimienta

Ingrediente

- 6 Pimienta, roja, picante; Fresco

- 1 pinta de ron, ligero

Direcciones

a) Coloque los pimientos enteros en un frasco de vidrio y vierta el ron (o jerez seco). Cubra herméticamente con la tapa y deje reposar 10 días antes de usar.

b) Utilice unas gotas en sopas o salsas. El vinagre de pimienta se hace de la misma manera.

c) Si no hay pimientos frescos disponibles, se pueden usar pimientos secos picantes enteros.

13. Piña al Oporto

Ingrediente

- 1 piña mediana, limpia (alrededor de 2-1/2 libras)

- Ralladura finamente pelada de 1 naranja

- Ralladura finamente pelada de 1/2 toronja

- 4 cucharadas de azúcar moreno claro, o al gusto

- $\frac{3}{4}$ taza de jugo de piña

- $\frac{1}{2}$ taza de Oporto

Direcciones

a) Este es un tratamiento particularmente bueno para una piña que resulta no ser tan dulce como debería ser. Cuanto mejor el puerto, mejor el postre. Prepare este postre con un día de anticipación para obtener el mejor sabor.

b) Pele, rebane y quite el centro de la piña y córtela en cubos de 1 pulgada o en rodajas finas. En una sartén, cocine las ralladuras, el azúcar y el jugo de piña. Cocine hasta que las cáscaras estén tiernas, aproximadamente 5 minutos. Mientras el líquido aún está tibio, agregue los trozos de piña y agregue el oporto.

c) Refrigere por lo menos 8 horas, o toda la noche. Deje que alcance la temperatura ambiente antes de servir o se perderán los sabores.

14. Vino de ruibarbo

Ingrediente

- 3 libras de ruibarbo

- 3 libras de azúcar blanca

- 1 cucharadita de levadura nutritiva

- 1 galón de agua caliente (no tiene que estar hirviendo)

- 2 comprimidos de Campden (triturados)

- levadura de vino

Direcciones

a) Pica los tallos de ruibarbo y congélalos en bolsas de plástico durante unos días antes de hacer el vino. Realmente no entiendo por qué esto debería hacer una diferencia, pero lo hace. Si usa ruibarbo fresco, el vino nunca sale tan bueno.

b) Tienes que tener paciencia. El vino de ruibarbo puede tener un sabor poco interesante a los ocho meses y muy bueno a los diez meses. Tienes que dejar que se suavice.

c) Use ruibarbo cortado congelado. Póngalo en el fermentador primario junto con el azúcar. Cubra y deje reposar durante 24 horas. Agregue el agua caliente, mezcle todo y luego cuele el ruibarbo.

d) Vuelva a poner el líquido en el fermentador primario y cuando esté tibio agregue el resto del Ingrediente.

e) Tapar y dejar fermentar durante tres o cuatro días. Luego sifón el líquido en jarras de un galón con cerraduras de fermentación.

15. Vino especiado caliente

Ingrediente

- $\frac{1}{4}$ litro de vino blanco o tinto (1 taza más 1 cucharada) 6 terrones de azúcar, o al gusto

- 1 de cada diente entero

- 1 trozo pequeño de cáscara de limón

- Un palito de canela

Direcciones

a) Combine todos los ingredientes y caliente, apenas hasta el punto de ebullición.

b) Verter en un vaso precalentados, envuelva el vaso en una servilleta y sirva inmediatamente.

16. Vino con infusión de arándanos

Ingrediente

- 2 c. vino blanco seco, como Sauvignon Blanc o Chardonnay
- 1 c. arándanos descongelados frescos o congelados

Direcciones

a) Agregue el vino y los arándanos a un recipiente con una tapa que cierre bien.

b) Cubrir y agitar un par de veces. Deje reposar a temperatura ambiente durante la noche. Colar antes de usar; deseche los arándanos.

17. Vino infusionado con frambuesa y menta

Ingrediente

- 1 taza de frambuesas frescas
- 1 manojo pequeño de menta fresca
- 1 botella de vino blanco seco o dulce, según tu preferencia

Direcciones:

a) Ponga las frambuesas y la menta en un frasco de un cuarto de galón. Usa una cuchara para aplastar ligeramente las frambuesas.

b) Vierta toda la botella de vino sobre las frambuesas y la menta, luego cubra con una tapa y colóquela en un lugar tranquilo de su cocina.

c) Deje reposar la infusión durante 2-3 días, luego cuele las frambuesas y la menta con un colador de malla fina y ¡disfrútelo!

18. Vino infundido de amor

Ingrediente

- 1 frasco de vidrio de 1 litro o 1 cuarto de galón
- 2 cucharaditas de canela en polvo o 2 ramas de canela
- 3 cucharaditas de raíz de jengibre en polvo o raíz de jengibre fresca pelada de aproximadamente 1 pulgada de largo
- opción 1: un trozo de vaina de vainilla de 1 pulgada o 1 cucharadita de extracto de vainilla
- u opción 2 -- 2 vainas de cardamomo + 2 anís estrellado
- 3 tazas de vino tinto o una botella de 750 ml

Direcciones:

a) Añadir el vino tinto a la jarra.

b) Agregar los componentes herbales

c) Revuelva para mezclar Ingrediente.

d) Coloque la tapa en el frasco. Póngalo en un armario fresco y oscuro durante 3-5 días.

e) Cuele bien (o 2x) en otro frasco o en una bonita jarra de vidrio. ¡¡¡Está listo!!!

19. manzanas al vino tinto

Ingrediente

- 1 kilogramos de manzanas (2 1/4 lb.)
- 5 decilitros de vino tinto (1 pinta)
- 1 rama de canela
- 250 gramos de azúcar (9 oz.)

Direcciones

a) Con diez horas de anticipación, cuece el vino, la canela y el azúcar a fuego vivo durante 10 minutos, usando una cacerola amplia y poco profunda.

b) Pelar las manzanas y, con un sacabolas de unos $2\frac{1}{2}$ cm (1 in) de diámetro, cortarlas en bolitas.

c) Eche las bolas de manzana en el vino caliente. No deben superponerse: por eso necesitas una bandeja ancha y poco profunda. Cocine a fuego lento durante 5 a 7 minutos, cubierto con papel de aluminio para mantenerlos sumergidos.

d) Cuando las manzanas estén cocidas pero aún firmes, retire la sartén de la estufa. Dejar macerar las bolitas de manzana en el vino tinto unas 10 horas para que tomen un buen color rojo.

e) Servir: bien frío, con una bola de helado de vainilla, o en una selección de postres fríos de frutas.

20. Vino de pimienta de Bajan

Ingrediente

- 18 "pimientos de vino" o una cantidad similar de pimientos rojos pequeños

- Ron blanco de Barbados

- Jerez

Direcciones

a) Retire los tallos de los pimientos y colóquelos en una botella, luego cúbralos con ron y déjelos por dos semanas.

b) Cuele y diluya al "picante" requerido con jerez.

21. Vino de postre de naranja

Ingrediente

- 5 naranjas
- 2 limones
- 5 cuartos de vino, blanco seco
- 2 libras de azúcar
- 4 tazas de brandy
- 1 de cada vaina de vainilla
- 1 cada Pieza (1/2) de cáscara de naranja, seca

Direcciones

a) Ralla la piel de las naranjas y los limones y reserva. Corte la fruta en cuartos y colóquela en una damajuana u otro recipiente grande (olla o vaso).

b) Vierta el vino, luego agregue las pieles ralladas, el azúcar, el brandy, la vaina de vainilla y un trozo de cáscara de naranja seca.

c) Cierre el frasco y guárdelo en un lugar fresco y oscuro durante 40 días. Colar a

través de un paño y una botella. Servir
frío.

22. Naranja con sirope de vino tinto

Ingrediente

- 2 tazas de vino tinto completo

- $\frac{1}{2}$ taza de azúcar

- 1 palito de canela de 3"

- 2 melones o melones rojos de pulpa anaranjada medianos

Direcciones

a) En una cacerola mediana no reactiva, combine el vino, el azúcar y la canela. Llevar a ebullición a fuego alto y cocinar hasta que se reduzca a la mitad, aproximadamente 12 minutos.

b) Retire la canela y deje que el almíbar se enfríe a temperatura ambiente.

c) Corte los melones por la mitad en forma transversal y deseche las semillas. Corta una rebanada delgada del fondo de cada mitad de melón para que quede en posición vertical y coloca cada mitad en un plato.

d) Vierta el almíbar de vino tinto en las mitades de melón y sirva con cucharas grandes.

23. vino de naranja

Ingrediente

- 3 naranjas navales; reducido a la mitad

- 1 taza de azúcar

- 1 litro de vino blanco

- 2 naranjas navales medianas

- 20 clavos enteros

Direcciones

a) En una cacerola, a fuego medio, exprime las mitades de naranja en la cacerola, agrega las naranjas exprimidas y el azúcar. Lleve a ebullición, reduzca el fuego a bajo y cocine a fuego lento durante 5 minutos. Retire del fuego y enfríe completamente.

b) Colar en un frasco de $1\frac{1}{2}$ cuarto, presionando las naranjas con el dorso de una cuchara para liberar todo el jugo. Agregue el vino. Introduce los clavos en las naranjas enteras. Cortar las naranjas por la mitad y añadir al tarro.

c) Asegure bien la tapa y deje reposar
    durante al menos 24 horas y hasta 1 mes.

24. vino de jengibre

Ingrediente

- $\frac{1}{4}$ de libra de jengibre
- 4 libras de azúcar DC
- 1 galón de agua
- 2 cucharaditas de levadura
- $\frac{1}{2}$ libra de frutos secos
- $\frac{1}{2}$ onza de maza

Direcciones

a) Machaca el jengibre y ponlo en un frasco. Agregue todos los demás ingredientes y déjelo durante 21 días.

b) Colar y embotellar.

25. Vino Caliente

Ingrediente

- 1 botella de vino tinto
- 2 naranjas
- 3 palitos de canela
- anís 5 estrellas
- 10 clavos enteros
- 3/4 taza de azúcar moreno

Direcciones:

a) Coloque todos los ingredientes excepto las naranjas en una olla mediana.

b) Con un cuchillo afilado o un pelador, pela la mitad de una naranja. Evite pelar la mayor parte posible de la médula (parte blanca), ya que tiene un sabor amargo.

c) Exprime las naranjas y agrégalas a la olla junto con la cáscara de naranja.

d) A fuego medio, caliente la mezcla hasta que empiece a humear. Reduzca el fuego a fuego lento. Caliente durante 30 minutos para dejar que las especias se infundan.

e) Colar el vino y servir en copas resistentes al calor.

26. Enfriador de vino

Ingrediente

- 1 porcion
- $\frac{3}{4}$ taza de limonada
- $\frac{1}{4}$ taza de vino tinto seco
- Manojo de menta
- cereza marrasquino

Direcciones

a) Esto hace una bebida colorida y refrescante si los líquidos no se mezclan. Vierta la limonada sobre hielo picado, luego agregue el vino tinto.

b) Decorar con una ramita de menta y una cereza. Bueno para los días calurosos.

27. ponche de vino

Rendimiento: 20 porciones

Ingrediente

- 4 claras de huevo

- 1 Quinto vino blanco seco

- ½ taza de jugo de limón fresco

- 1 cucharada de cáscara de limón; rallado

- 1 taza de miel

- 6 tazas de leche

- 1 cuarto Mitad y mitad

- 1 nuez moscada; recién rallado

Direcciones

a) Batir las claras de huevo a punto de nieve y reservar. Combine el vino, el jugo de limón, la ralladura y la miel en una cacerola grande. Caliente, revolviendo, hasta que esté tibio, luego agregue lentamente la leche y la crema.

b) Continúe calentando y revolviendo hasta que la mezcla esté espumosa; alejar del calor. Agregue las claras de huevo y sirva en tazas con una pizca de nuez moscada encima.

28. Enfriador de vino de melocotón

Ingrediente

- 16 onzas de duraznos sin azúcar; descongelado

- 1 litro de jugo de durazno

- 750 mililitros Vino blanco seco; = 1 botella

- 12 onzas de néctar de albaricoque

- 1 taza de azúcar

Direcciones

a) En una licuadora o procesador de alimentos, haga puré de duraznos. En un recipiente, combine los duraznos y el ingrediente restante.

b) Cubra y enfríe durante 8 horas o toda la noche para permitir que los sabores se mezclen. Almacenar en refrigerador. Servir frío.

29. Vino infundido con té verde

Ingrediente:

- 8 cucharaditas colmadas de té verde de hojas sueltas
- 1 Botella (750ml) de Sauvignon Blanc
- Jarabe Simple - Opcional
- Soda o Limonada - Opcional

Direcciones:

a) Infunde las hojas de té directamente en la botella de vino, la forma más fácil de hacerlo es usar un pequeño embudo para que las hojas no se vayan por todas partes.

b) Vuelva a colocar el corcho o use un tapón de botella y luego colóquelo en el refrigerador durante la noche o durante un mínimo de 8 horas.

c) Cuando esté listo para beber el vino, cuele las hojas con un colador de malla y vuelva a embotellar.

d) Agregue jarabe simple y refresco o limonada al gusto, opcional.

30. Refrescante vino daiquiri

Ingrediente

- 1 lata (6 onzas) de limonada congelada

- 1 paquete (10 oz) de fresas congeladas; ligeramente descongelado

- 12 onzas de vino blanco

- Cubos de hielo

Direcciones

a) Coloque la limonada, las fresas y el vino en la licuadora.

b) Mezclar ligeramente. Agregue cubitos de hielo y continúe mezclando hasta obtener la consistencia deseada.

31. Cóctel de melón y fresa

Ingrediente

- 1 melón Charentals Oregón
- 250 gramos de Fresas; lavado
- 2 cucharaditas de azúcar moreno
- 425 mililitros Vino blanco seco o espumoso
- 2 ramitas de menta
- 1 cucharadita de pimienta negra; aplastada
- zumo de naranja

Direcciones

a) Cortar el melón en trozos y quitar las semillas. Corta las fresas por la mitad y colócalas en un bol.

b) Retire las bolas de melón con un cortador y colóquelas en el tazón. espolvorear sobre el azúcar impalpable, la menta picada y la pimienta negra.

c) Vierta sobre el jugo de naranja y el vino. Revuelva con cuidado y refrigere de 30 minutos a 1 hora.

d) Para la presentación, coloque el cóctel en las cáscaras de melón o en un vaso de presentación.

32. Brillo de vino enjoyado

Ingrediente

- 1 gelatina de limón grande
- 1 taza de agua, hirviendo
- 1 taza de agua, fría
- 2 tazas de vino rosado
- $\frac{1}{2}$ taza de uvas verdes sin semillas
- $\frac{1}{2}$ taza de arándanos frescos
- 11 onzas de gajos de naranja mandarina, escurridos
- Hojas de lechuga

Direcciones

a) En un tazón grande, disuelva la gelatina en agua hirviendo; agregue el agua fría y el vino. Enfríe hasta que espese pero no cuaje, alrededor de 1 hora y media. Agregue las uvas, los arándanos y los gajos de mandarina.

b) Verter en moldes individuales, o en un molde de 6 tazas engrasado. Refrigera unas 4 horas o hasta que esté firme. Para servir, desmoldar en platos de servir forrados con lechuga.

33. Vino de romero y té negro

Ingrediente

- 1 botella de clarete; O... otro vino tinto con cuerpo

- 1 cuarto de té negro pref. Assam o Darjeeling

- $\frac{1}{4}$ taza de miel suave

- $\frac{1}{3}$una taza de azúcar; o al gusto

- 2 naranjas en rodajas finas y sin semillas

- 2 palitos de canela (3 pulgadas)

- 6 clavos enteros

- 3 ramitas de romero

Direcciones

a) Vierta el vino y el té en una cacerola que no se corroa. Agregue la miel, el azúcar, las naranjas, las especias y el romero. Calentar a fuego lento hasta que apenas hierva. Revuelva hasta que la miel se disuelva.

b) Retire la sartén del fuego, cubra y deje reposar durante al menos 30 minutos. Cuando esté listo para servir, vuelva a calentar hasta que esté humeante y sirva caliente.

34. Spritzer de té Earl Grey

Ingrediente

- 2 bolsitas de té Earl Grey Añejo
- 1 canastilla de arándanos
- Unas ramitas de menta fresca
- $\frac{1}{2}$ taza de sirope de agave
- 1 botella de vino blanco espumoso
- 1 bandeja de cubitos de hielo

Direcciones

a) Pon a hervir dos tazas de agua y añade las bolsitas de té. Déjalos reposar durante 10 minutos, agregando el jarabe de agave a la mezcla.

b) Agregue una bandeja de cubitos de hielo a la mezcla y póngala en el refrigerador hasta que se enfríe.

c) Una vez frío, agregue la menta y los arándanos al gusto, y el vino espumoso, luego mezcle en una jarra.

d) ¡Disfrutar!

35. Chocolate caliente con infusión de vino

Ingrediente

- $\frac{1}{2}$ taza de leche entera
- $\frac{1}{2}$ taza de mitad y mitad: sustituya con partes iguales de leche entera y crema espesa ligera, si no está disponible
- $\frac{1}{4}$ de taza/45 g de chispas de chocolate amargo
- $\frac{1}{2}$ taza de vino tinto seco, preferiblemente Shiraz
- Unas gotas de extracto de vainilla
- 1 cucharada/15ml de azúcar
- Una pizca de sal

Direcciones:

a) Combine la leche entera, mitad y mitad, botones/chips de chocolate negro, extracto de vainilla y sal en una cacerola a fuego lento.

b) Remueve constantemente para evitar que se queme el chocolate del fondo, hasta que se disuelva por completo. Una vez que esté bien caliente, retíralo del fuego y vierte el vino. Mezclar bien.

c) Pruebe el chocolate caliente y ajuste la dulzura con azúcar. Verter en una taza de chocolate caliente y servir inmediatamente.

36. Ponche de arándanos y vino

Ingrediente

- $1\frac{1}{2}$ cuarto de cóctel de jugo de arándano; enfriado

- 4 tazas de borgoña u otro vino tinto seco; enfriado

- 2 tazas de jugo de naranja sin azúcar; enfriado

- rodajas de naranja; (Opcional)

Direcciones

a) Combine los primeros 3 ingredientes en un tazón grande; revuelva bien.

b) Adorne con rodajas de naranja, si lo desea.

VINO-ALIMENTOS INFUSADOS

37. compota de frutas y vino

Ingrediente

- 4 peras pequeñas

- 1 naranja

- 12 ciruelas pasas húmedas

- 2,5 cm; (1 pulgada) palo; canela

- 2 semillas de cilantro

- 1 clavo

- $\frac{1}{4}$ hoja de laurel; (Opcional)

- $\frac{1}{3}$ Vaina de vainilla

- 4 cucharadas de azúcar moreno

- $1\frac{1}{2}$ taza de buen vino tinto

Direcciones

a) Pele las peras, lave y corte la naranja en rodajas de $\frac{1}{2}$ cm ($\frac{1}{4}$ de pulgada).

b) Coloque suavemente las peras, con el tallo hacia arriba, en una cacerola. Coloque las ciruelas pasas entre las peras y agregue canela, semillas de cilantro, clavo, laurel, vainilla y azúcar en polvo.

c) Cubra con rodajas de naranja y agregue el vino. Si es necesario, agregue agua para que haya suficiente líquido para cubrir la fruta.

d) Llevar a ebullición, bajar a fuego lento y escalfar las peras durante 25 a 30 minutos hasta que estén blandas. Deje que la fruta se enfríe en líquido.

e) Retire las especias y sirva la fruta y el líquido en un atractivo plato para servir.

38. Trufas de chocolate

Ingrediente

- 1 bolsa de 10 onzas de chispas de chocolate semidulce
- 1/2 taza de crema batida espesa
- 1 cucharada de mantequilla sin sal
- 2 cucharadas de vino tinto
- 1 cucharadita de extracto de vainilla
- Toppings: almendras ahumadas trituradas, cacao en polvo, chocolate fundido y sal marina

Direcciones:

a) Pica el chocolate: ya sea que estés usando un bloque de chocolate o chispas de chocolate, querrás picarlo para que se derrita más fácilmente.

b) Coloque el chocolate picado en un tazón grande de acero inoxidable o de vidrio.

c) Calentar la crema y la mantequilla: Caliente la crema y la mantequilla en una cacerola pequeña a fuego medio, hasta que empiece a hervir.

d) Combinar Nata con Chocolate: Tan pronto como el líquido comience a hervir, viértalo inmediatamente en el recipiente sobre el chocolate.

e) Agregue líquidos adicionales: agregue la vainilla y el vino y bata hasta que quede suave.

f) Refrigerar/Enfriar: Cubra el recipiente con una envoltura de plástico y transfiéralo al refrigerador durante aproximadamente una hora (o en el congelador durante 30 minutos a 1 hora), hasta que la mezcla esté firme.

g) Enrolle las trufas: una vez que las trufas se hayan enfriado, sáquelas con una bola de melón y gírelas con las manos. ¡Esto se pondrá feo!

h) Luego cúbralos con los ingredientes que desee. Me encantan las almendras ahumadas trituradas, el cacao en polvo y el chocolate templado derretido con sal marina.

39. helado con fresas

Ingrediente

- 2 pintas de fresas

- $\frac{1}{4}$ de taza) de azúcar

- $\frac{1}{3}$copa de vino tinto seco

- 1 rama de canela entera

- $\frac{1}{8}$ cucharadita de pimienta, recién molida

- 1 pinta de helado de vainilla

- 4 ramitas de menta fresca para decorar

Direcciones

a) Si las fresas son pequeñas, córtelas por la mitad; si es grande, cortar en cuartos.

b) Combine el azúcar, el vino tinto y la rama de canela en una sartén grande; cocina a fuego medio alto hasta que el azúcar se disuelva, aproximadamente 3 minutos. Agrega las fresas y la pimienta; cocine hasta que las bayas se ablanden un poco, de 4 a 5 minutos.

c) Retire del fuego, deseche la rama de canela y divida las bayas y la salsa entre

los platos; sirva con helado de vainilla y
una ramita de menta, si lo desea.

40. Mousse de melón al vino muskat

Ingrediente

- 11 onzas de pulpa de melón
- $\frac{1}{2}$ taza de vino dulce Muskat
- $\frac{1}{2}$ taza de azúcar
- 1 taza de crema espesa
- $\frac{1}{2}$ taza de azúcar
- $\frac{1}{2}$ taza de agua
- frutas variadas
- $1\frac{1}{2}$ cucharada de gelatina
- 2 claras de huevo
- 2 tazas de vino dulce Muskat
- 1 rama de canela
- 1 vaina de vainilla

Direcciones

a) En una licuadora, procese la pulpa del melón hasta obtener un puré suave.

b) Ponga la gelatina y $\frac{1}{2}$ taza de vino Muskat en una cacerola pequeña y hierva, mezcle bien para asegurarse de que la gelatina se disuelva por completo. Agregue la mezcla de gelatina al puré de melón y mezcle bien. Poner sobre un recipiente lleno de cubitos de hielo.

c) Mientras tanto, batir las claras de huevo, añadiendo el azúcar poco a poco, hasta que espese. Pasar la mousse a un bol.

d) Para hacer la salsa, ponga el azúcar y el agua en una olla mediana, lleve a ebullición y cocine a fuego lento hasta que espese y se dore. Agregue 2 tazas de vino Muskat, canela en rama, vaina de vainilla y una tira de cáscara de naranja. Hervir.

41. Torta israelí de vino y nueces

Ingrediente

- 8 huevos

- $1\frac{1}{2}$ taza de azúcar granulada

- $\frac{1}{2}$ cucharadita de sal

- $\frac{1}{4}$ taza de jugo de naranja

- 1 cucharada de cáscara de naranja

- $\frac{1}{4}$ taza de vino tinto

- $1\frac{1}{4}$ taza de harina de pastel de matzá

- 2 cucharadas de fécula de patata

- $\frac{1}{2}$ cucharadita de canela

- ⅓taza de almendras; muy finamente picado

Direcciones

a) Batir gradualmente $1\frac{1}{4}$ tazas de azúcar y sal en la mezcla de yema hasta que esté muy espesa y de color claro. Agrega el jugo de naranja, la ralladura y el vino; batir a alta velocidad hasta que espese y esté ligero, aproximadamente 3 minutos.

b) Tamizar juntos la harina, la fécula de patata y la canela; incorpore gradualmente a la mezcla de naranja hasta que se mezclen suavemente. Bate las claras de huevo a la velocidad más alta hasta que las claras formen picos pero no estén secas.

c) Doble el merengue ligeramente en la mezcla. Doble las nueces en la masa suavemente.

d) Convierta en un molde para tubos de 10 pulgadas sin engrasar con el fondo forrado con papel encerado.

e) Hornear a 325 grados.

42. Galletas de vino

Rendimiento: 12 porciones

Ingrediente

- $1\frac{1}{4}$ taza de harina
- 1 pizca de sal
- 3 onzas de manteca vegetal; (Oleo)
- 2 onzas de azúcar
- 1 huevo
- $\frac{1}{4}$ taza de jerez

Direcciones

a) Prepárelo como lo haría con las galletas regulares, es decir: combine los ingredientes secos y córtelos en aceite. Combine el huevo y el jerez y mezcle hasta formar una masa suave.

b) Extender sobre una superficie enharinada. Cortar con un cortador de galletas, colocar en bandejas de horno y espolvorear con un poco de azúcar o harina. Hornee 350, de 8 a 10 minutos.

43. Fondue de vino de grosella

Ingrediente

- 1½ libras de grosellas; rematado y cola

- 4 onzas de azúcar en polvo (granulada)

- ⅔copa de vino blanco seco

- 2 cucharaditas de harina de maíz (fécula de maíz)

- 2 cucharadas de crema individual (ligera)

- Brandy Snaps

Direcciones

a) Reserve unas cuantas grosellas para decorar, luego pase el resto por un colador para hacer un puré.

b) En una olla de fondue, mezcle suavemente la harina de maíz con la crema. Agregue el puré de grosella espinosa, luego caliente hasta que quede suave y espeso, revolviendo con frecuencia.

c) Decore con las grosellas reservadas y sirva con brochetas de brandy.

44. Budín de pastel y vino

Ingrediente

- macarrones
- 1 pinta de vino
- 3 yema de huevo
- 3 clara de huevo
- bizcocho
- dedos de dama
- 1 cucharadita de maicena
- 3 cucharaditas de azúcar
- $\frac{1}{2}$ taza de nueces picadas

Direcciones

a) En una cazuela de barro colocar trozos de bizcocho, bizcochos o similar (llenar hasta la mitad aproximadamente). Agregue algunos macarrones. Calentar el vino. Mezcle la maicena y el azúcar y agregue lentamente el vino.

b) Batir las yemas de huevo y agregar a la mezcla de vino. Cocine unos 2 minutos.

Verter sobre la tarta y dejar enfriar. Cuando esté frío, cubra con las claras de huevo batidas a punto de nieve y espolvoree con las nueces picadas.

c) Hornee a 325-F durante unos minutos para dorar. Servir frío

45. Granizado de vino tinto y arándanos

Ingrediente

- 4 tazas de arándanos frescos
- 2 tazas de jarabe de azúcar
- 2 tazas de vino borgoña o tinto seco
- $4\frac{1}{2}$ taza de azúcar
- 4 tazas de agua

Direcciones

a) Cuele los arándanos en una cacerola grande con tamiz, desechando los sólidos. Agregue el jarabe y el vino, hierva la mezcla, reduzca el fuego y deje hervir a fuego lento, sin tapar, de 3 a 4 minutos. vierta la mezcla en un plato cuadrado de 8 pulgadas, cubra y congele por lo menos 8 horas o hasta que esté firme.

b) Retire la mezcla del congelador y raspe toda la mezcla con los dientes de un tenedor hasta que quede esponjosa. Cuchara en un recipiente; cubra y congele hasta por un mes.

c) Jarabe de azúcar básico: Combine en una cacerola, revolviendo bien. Llevar a ebullición, cocinar hasta que el azúcar se disuelva.

46. Coupé de melón y arándanos

Ingrediente

- $1\frac{1}{2}$ taza de vino blanco seco

- $\frac{1}{2}$ taza de azúcar

- 1 vaina de vainilla; dividir a lo largo

- $2\frac{1}{3}$ taza de cubos de melón; (alrededor de 1/2 melón)

- $2\frac{1}{3}$ taza de cubitos de melaza

- $2\frac{1}{3}$ taza de cubitos de sandía

- 3 tazas de arándanos frescos

- $\frac{1}{2}$ taza de menta fresca picada

Direcciones

a) Combine $\frac{1}{2}$ taza de vino y azúcar en una cacerola pequeña. Raspe las semillas de la vaina de vainilla; agregar frijol. Revuelva a fuego lento hasta que el azúcar se disuelva y el jarabe esté caliente, aproximadamente 2 minutos. Retire del fuego y deje reposar 30 minutos. Retire la vaina de vainilla del almíbar.

b) Combine todas las frutas en un tazón grande. Agregue la menta y la taza de vino restante al jarabe de azúcar. Vierta sobre la fruta. Cubra y refrigere por lo menos 2 horas.

c) Vierta la fruta y un poco de jarabe en copas grandes con tallo.

47. Tarta de lima con crema de vino

Ingrediente

- $1\frac{1}{4}$ taza de crema batida fría

- 6 cucharadas de azúcar

- 2 cucharadas de vino dulce de postre

- $1\frac{1}{2}$ cucharada de jugo de limón fresco

- 1 cucharada de nueces finamente picadas

- $\frac{1}{4}$ de taza) de azúcar

- $\frac{1}{2}$ cucharadita de sal

- $\frac{3}{4}$ taza de mantequilla sin sal fría

- 2 yemas de huevo grandes y 4 huevos grandes

- $\frac{1}{2}$ taza de jugo de lima fresco y 1 cucharada de cáscara de lima rallada

Direcciones

a) Combine la crema, el azúcar, el vino y el jugo de limón en un tazón y bata hasta que se formen picos suaves. Doble con cuidado las nueces.

b) Mezcle la harina, el azúcar y la sal en el procesador. Agrega la mantequilla; córtelos usando giros de encendido/apagado hasta que la mezcla se asemeje a una harina gruesa. Batir las yemas y el agua en un tazón. Añadir al procesador; mezcle usando giros de encendido/apagado hasta que se formen grumos húmedos. Hornear 20 minutos.

c) Batir los huevos y el azúcar en un tazón hasta que estén suaves y cremosos. Tamizar la harina en la mezcla de huevo; bate para combinar. Agregue suero de leche. Derrita la mantequilla con el jugo de lima y mezcle con la mezcla de huevo. Vierta el relleno en la corteza.

48. Rollitos de vino matzá

Ingrediente

- 8 cuadrados de matzá

- 1 taza de vino tinto dulce

- 8 onzas de chocolate semidulce

- $\frac{1}{2}$ taza de leche

- 2 cucharadas de cacao

- 1 taza de azúcar

- 3 cucharadas de brandy

- 1 cucharadita de café instantáneo en polvo

- 2 barras de margarina

Direcciones

a) Desmenuce la matzá y sumérjala en el vino. Derretir el chocolate con la leche, el cacao en polvo, el azúcar, el brandy y el café a fuego muy lento.

b) Retire del fuego y agregue la margarina. Revuelva hasta que se derrita.

c) Agregue la matzá a la mezcla de chocolate. Divide la mezcla en dos mitades. Forme cada mitad en un rollo largo y envuélvalo bien en papel de aluminio. Refrigere durante la noche, retire el papel de aluminio y corte.

d) Colocar en papel cuatro tazas y servir.

49. Moustokouloura

Ingrediente

- $3\frac{1}{2}$ taza de harina para todo uso más extra para amasar

- 2 cucharaditas de bicarbonato de sodio

- 1 cucharada de canela recién molida

- 1 cucharada de clavo recién molido

- $\frac{1}{4}$ taza de aceite de oliva suave

- 2 cucharadas de miel

- $\frac{1}{2}$ taza de jarabe de mosto de vino griego

- $\frac{1}{2}$ naranja

- 1 taza de jugo de naranja

Direcciones

a) Tamiza la harina, el bicarbonato de sodio, la canela y el clavo en un tazón grande, formando un hueco en el centro.

b) En un tazón más pequeño, bata el aceite de oliva con la miel, los petimezi, la ralladura de naranja y la mitad del jugo

de naranja y vierta en el pozo. Mezclar
para hacer una masa.

c) Pasar a una superficie enharinada y
amasar durante unos 10 minutos hasta
que la masa esté suave pero no rígida.

d) Rompa trozos de masa, aproximadamente
2 cucharadas cada uno, y enróllelos en
serpientes de aproximadamente $\frac{1}{2}$
pulgada de diámetro.

e) Hornee en un horno precalentado a 375 F
durante 10-15 minutos, hasta que estén
dorados y crujientes, pero no demasiado
duros.

50. Barquillos de naranja y vino

Ingrediente

- $2\frac{1}{2}$ cucharadas de ralladura de naranja

- 2 tazas de harina de repostería o para todo uso

- $\frac{1}{2}$ cucharadita de sal

- 1 cucharadita de polvo de hornear

- 2 cucharadas (1/4 barra) de mantequilla o

- Margarina, suavizada

- $\frac{1}{2}$ taza de vino blanco

Direcciones

a) Precaliente el horno a 350~F.

b) Para preparar la ralladura, ralle ligeramente la piel exterior de las naranjas contra la rejilla fina de un rallador de queso.

c) En un tazón grande combine la harina, la ralladura de naranja, la sal y el polvo de hornear. Cortar la mantequilla y añadir lentamente el vino.

d) En una superficie enharinada, dobla el tercio izquierdo de la masa sobre el tercio central. Del mismo modo, dobla el tercio derecho sobre el centro.

e) Estire la masa un poco más delgada esta vez, aproximadamente $\frac{1}{8}$ de pulgada de grosor.

f) Con un cuchillo afilado, corte en cuadrados de 2 pulgadas.

g) Pincha cada galleta por completo 2 o 3 veces con los dientes de un tenedor. Hornee durante 15 a 20 minutos, hasta que estén ligeramente dorados.

51. Bizcocho de naranja y almendras

Ingrediente

- ½ taza de mantequilla sin sal - (1 barra); suavizado

- 1 taza de azúcar granulada

- 2 huevos

- 2 cucharaditas de vainilla

- ½ cucharadita de extracto de almendras

- ¼ taza de almendras molidas sin blanquear

- 2 cucharaditas de ralladura de naranja

- 1½ taza de harina para todo uso; más

- 2 cucharadas de harina para todo uso

- 2 cucharaditas de polvo de hornear

- 1 cucharadita de sal

- 1 taza de crema agria

- 1 pinta de frambuesas o fresas

- ½ taza de vino espumoso

Direcciones

a) Batir la mantequilla y el azúcar hasta que esté suave y esponjoso.

b) Agrega los huevos, la vainilla, el extracto de almendras, las almendras y la ralladura de naranja; batir a fuego lento hasta que se mezclen. Tamizar juntos la harina, el polvo de hornear y la sal; agregue alternativamente a la mezcla de mantequilla con crema agria.

c) Vierta la masa en el molde; toque ligeramente para igualarlo. Hornear durante unos 20 minutos.

d) Deje enfriar por 10 minutos; retíralo del molde para pasteles o quita los lados del molde desmontable. Espolvoree las bayas con azúcar, luego mezcle con suficiente vino espumoso para humedecerlas completamente.

e) Coloque el pastel en un plato, rodee con bayas y jugo.

52. Tarta de ciruelas con crème fraiche

Ingrediente

- Concha de hojaldre dulce de 10 pulgadas; hasta 11

- 550 gramos Ciruelas; lavado

- 2 cucharadas de azúcar en polvo

- 125 mililitros de vino de Oporto

- 1 vaina de vainilla cortada en el centro

- $\frac{1}{2}$ pinta de crema

- 1 onza de harina

- 2 onzas de azúcar

- 2 yemas de huevo

- gelatina de 2 hojas; mojado

Direcciones

a) Retire los huesos de las ciruelas y córtelas en cuatro. Hornee la caja de pastelería dulce a ciegas y fría.

b) Prepara la crema batiendo el huevo y el azúcar en un bol con agua caliente. Añadir una cucharada de nata y añadir poco a poco la harina. Agregue más crema y ponga en una sartén limpia y vuelva a calentar.

c) Coloque una buena capa de crema pastelera en la base de la caja de pastelería y nivele con una espátula o raspador de plástico.

d) Disponer las ciruelas sobre la masa y hornear en el horno durante 30-40 minutos.

e) Cocine a fuego lento el azúcar en el vino de Oporto y agregue la vaina de vainilla, reduzca el líquido ligeramente. Añadir la gelatina de hoja y dejar enfriar un poco. Retirar la tarta y enfriar, verter sobre el glaseado de Oporto y dejar en la nevera para que cuaje. Cortar y servir con crème fraiche.

53. Brownies de vino tinto

Ingrediente

- $\frac{3}{4}$ de taza (177 ml) de vino tinto
- $\frac{1}{2}$ taza (60 g) de arándanos secos
- 1 $\frac{1}{4}$ (156 g) tazas de harina para todo uso
- $\frac{1}{2}$ cucharadita de sal marina
- $\frac{1}{2}$ taza (115 g) de mantequilla con sal, y extra para engrasar
- 6 onzas. (180 g) chocolate negro o semidulce
- 3 huevos grandes
- 1 $\frac{1}{4}$ tazas (250 g) de azúcar
- $\frac{1}{2}$ taza (41 g) de cacao en polvo sin azúcar
- $\frac{1}{2}$ taza (63 g) de nueces picadas (opcional)

Direcciones:

a) En un tazón pequeño, mezcle el vino tinto y los arándanos y déjelos reposar de 30 minutos a una hora o hasta que los arándanos se vean regordetes. Puedes calentar suavemente el vino y los arándanos en la estufa o en el microondas para acelerar el proceso.

b) Precaliente el horno a 350 grados F. y engrase y enharine un molde de 8 por 8 pulgadas.

c) Mezclar la harina y la sal marina en un bol y reservar.

d) En un recipiente sobre agua hirviendo, caliente la mantequilla y el chocolate hasta que se derrita y se mezcle.

e) Retire el recipiente del fuego y bata los huevos uno a la vez. (Si el tazón parece estar muy caliente, es posible que desee dejar que se enfríe durante unos 5 minutos antes de agregar los huevos).

54. Panna cotta de vainilla

Ingrediente

- Crema - 2 tazas
- Azúcar, más 3 cucharadas - 1/4 taza
- Granos de vainilla - ambos partidos por la mitad, semillas raspadas de uno - 1
- Pasta de vainilla - 1/2 cucharadita
- Aceite - 1 Cucharadas
- Gelatina en polvo mezclada con 90 ml de agua fría - 2 cucharaditas
- Fresas Punnet - 125 g
- Vino tinto - 1/2 taza

Direcciones:

a) Caliente suavemente la crema y 1/2 taza de azúcar en una olla hasta que todo el azúcar se haya disuelto. Retire del fuego y agregue el extracto de vainilla y 1 vaina de vainilla junto con las semillas raspadas.

b) Espolvoree la gelatina sobre el agua fría en un tazón grande y mezcle suavemente.

c) Vierta la crema caliente sobre la gelatina y combine bien hasta que la gelatina se haya disuelto. Colar la mezcla a través de un colador.

d) Divide la mezcla entre los tazones engrasados y refrigera hasta que cuaje. Esto generalmente tomará hasta 3 horas.

e) En una olla caliente el vino tinto, 6 cucharadas de azúcar y la vaina de vainilla restante hasta que hierva.

f) Enjuague, pele y corte las fresas y agréguelas al almíbar, luego cubra con una cuchara la panna cotta liberada.

55. tarta de vino

Ingrediente

- 140 gramos de harina común (5 oz.)
- 1 cucharadita de polvo de hornear
- 60 gramos Mantequilla sin sal (2 1/4 oz.)
- 1 pizca de sal
- 120 gramos de azúcar en polvo (4 oz.)
- 1 cucharadita de canela molida
- 10 gramos de harina común (1/4 oz.)
- $\frac{1}{2}$ cucharadita de azúcar
- 3 cucharadas de leche
- 100 mililitros Buen vino blanco seco
- 15 gramos de mantequilla (aprox. 1/2 oz.)

Direcciones

a) Pastelería: ponga la harina, el polvo de hornear y la mantequilla blanda en un tazón grande. Añadir la sal y el azúcar. Agrega la leche.

b) Coloque la masa en la base de la lata.

c) Mezclar el azúcar, la canela y la harina juntos. Espolvorear esta mezcla por todo el fondo de la tarta. Vierte el vino sobre la mezcla de azúcar y mézclalo con las yemas de los dedos.

d) Cocine la tarta en el fondo del horno precalentado durante 15 ... 20 minutos.

e) Dejar enfriar la tarta antes de sacarla del molde.

56. Sabayón

Ingrediente

- 6 yemas de huevo

- $\frac{1}{2}$ taza de azúcar

- $\frac{1}{3}$ copa de vino blanco medio

a) Bate las yemas de huevo con una batidora eléctrica al baño maría hasta que estén espumosas. Batir el azúcar gradualmente. Vierta suficiente agua caliente en el fondo de la caldera doble para que la parte superior no toque el agua.

b) Cocine las yemas de huevo a fuego medio; mezcle el vino lentamente, batiendo a alta velocidad hasta que quede suave, pálido y lo suficientemente espeso para formar montículos suaves.

c) Sirva inmediatamente en copas de pie poco profundas.

57. Frutas de invierno al vino tinto

Ingrediente

- 1 limón

- 500 mililitros de vino tinto

- 450 gramos de azúcar en polvo

- 1 vaina de vainilla; reducido a la mitad

- 3 hojas de laurel

- 1 rama de canela

- 12 granos de pimienta negra

- 4 peras pequeñas

- 12 ciruelas pasas sin remojo

- 12 albaricoques sin remojo

Direcciones

a) Pelar una tira de ralladura de limón y partir el limón por la mitad. Ponga la ralladura de limón, el azúcar, el vino, la vaina de vainilla, las hojas de laurel y las especias en una cacerola grande no reactiva y hierva, revolviendo.

b) Pelar las peras y frotar con la cara cortada del limón para evitar la decoloración. Vuelva a hervir el almíbar de vino tinto, baje a fuego lento y agregue las peras.

c) Agregue las ciruelas pasas y los albaricoques a las peras. Vuelva a colocar la tapa y deje que se enfríe por completo antes de refrigerar durante la noche.

58. Pastel de té de limón

Ingrediente

- ½ taza de vino tinto seco

- 3 cucharadas de jugo de limón fresco

- 1½ cucharada de maicena

- 1 taza de arándanos frescos

- Pizca de canela molida y nuez moscada

- ½ taza de mantequilla sin sal; temperatura ambiente

- 1 taza de azúcar

- 3 huevos grandes

- 2 cucharadas de cáscara de limón rallada

- 2 cucharadas de jugo de limón fresco

- 1 cucharadita de extracto de vainilla

- 1½ taza de harina de pastel tamizada

- ½ cucharadita de polvo de hornear y ¼ de bicarbonato de sodio

- ¼ de cucharadita de sal

- ½ taza de crema agria

Direcciones

a) Revuelva el agua, el azúcar, el vino tinto seco, el jugo de limón fresco y la maicena en una cacerola mediana.

b) Agrega arándanos. Hierva hasta que la salsa se espese lo suficiente como para cubrir el dorso de una cuchara, revolviendo constantemente, aproximadamente 5 minutos.

c) Bate la mantequilla y el azúcar en un tazón grande hasta que quede esponjoso. Batir los huevos, 1 a la vez. Batir la cáscara de limón rallada, el jugo de limón y el extracto de vainilla. Tamiza la harina para pastel, el polvo de hornear, el bicarbonato de sodio y la sal en un tazón mediano.

d) Vierta la masa en el molde para hornear preparado. Hornee y luego enfríe el pastel en la rejilla durante 10 minutos.

59. Mejillones al Vino y Azafrán

Ingrediente

- 2 cebollas, peladas y partidas a la mitad
- 2 chiles rojos, sin tallo
- 2 cucharadas de aceite de oliva
- 1/2 cucharadita de hebras de azafrán remojadas en 2 cucharadas de agua caliente
- 300 ml de vino blanco seco
- 500 ml de caldo de pescado
- 2 cucharadas de pasta de tomate
- Escamas de sal marina y pimienta negra recién molida
- 1 kg de mejillones frescos, sin barbas y limpios
- Varias ramitas de tomillo

Direcciones:

a) Agregue las cebollas y los chiles al procesador.

b) Coloque la sartén a fuego medio bajo, agregue las cebollas y los chiles y cocine revolviendo durante 5 minutos hasta que las cebollas brillen y se ablanden.

c) Agrega la mezcla de hebras de azafrán y cocina 30 segundos. Agregue el vino, el caldo de pescado, la pasta de tomate y sazone bien con sal y pimienta. Lleve a ebullición, reduzca el fuego a bajo y cocine a fuego lento durante 5 minutos.

d) Sube el fuego a alto, cuando la salsa esté hirviendo añade los mejillones y las ramitas de tomillo. Cubra con la tapa y cocine de 3 a 5 minutos, agitando la sartén ocasionalmente, hasta que los mejillones se abran al vapor.

e) Servir inmediatamente con pan crujiente

60. Vieiras en salsa de vino

Ingrediente

- 2 libras de vieiras

- 2 cucharadas de aceite de oliva

- $\frac{1}{4}$ cucharada de hojuelas de pimiento picante

- 2 dientes de ajo; picado muy fino

- 1 cucharada de vino blanco

- 1 cucharada de curry en polvo

- 1 tomate pequeño; pelado, sin semillas y picado

- $\frac{1}{4}$ taza de crema espesa

- 2 cucharadas de salsa tabasco

- Sal y pimienta para probar

- 1 cucharada de perejil; picado muy fino

Direcciones

a) Vierta un poco de aceite de oliva en una de las sartenes sobre la estufa. Luego, agregue las hojuelas de pimiento rojo, el ajo y el vino blanco. Agregue todas las vieiras a la sartén. Cubra la sartén y deje que las vieiras se cocinen a fuego medio/alto hasta que las vieiras se vuelvan firmes y opacas.

b) Retire la sartén del fuego y transfiera las vieiras a un tazón grande para servir. Agregue 1 cucharada de aceite y el curry en polvo a una cacerola pequeña y cocine durante 1-2 minutos.

c) Agregue el líquido de vieiras reservado a la cacerola de aceite y curry colando $\frac{3}{4}$ de taza a través de una gasa o un filtro de café. En la misma cacerola, agregue los trozos de tomate, la crema, el tabasco, la sal, la pimienta y el perejil, y caliente de 2 a 3 minutos.

61. Filetes de halibut con salsa de vino

Ingrediente

- 3 cucharadas de chalotes; Cortado

- $1\frac{1}{2}$ libras de bistecs de halibut; 1 pulgada de grosor, cortado en piezas de 4 pulgadas

- 1 taza de vino blanco seco

- 2 tomates ciruela medianos; Cortado

- $\frac{1}{2}$ cucharadita de estragón seco

- $\frac{1}{4}$ de cucharadita de sal

- $\frac{1}{8}$ cucharadita de Pimienta

- 2 cucharadas de aceite de oliva

Direcciones

a) Precaliente el horno a 450 grados. Espolvoree los chalotes sobre el fondo de una fuente para hornear de $1\frac{1}{2}$ a 2 cuartos. Coloque el pescado en un molde para hornear poco profundo y vierta el vino.

b) Espolvorea tomate picado, estragón, sal y pimienta sobre el pescado. Rocíe con aceite.

c) Hornee de 10 a 12 minutos, hasta que el pescado esté completamente opaco. Retire el pescado con una espátula ranurada a un plato para servir y retire la piel.

d) Coloque la bandeja para hornear (si es de metal) sobre un quemador de la estufa o vierta el líquido y las verduras en una cacerola pequeña. Hervir a fuego alto hasta que la salsa se reduzca ligeramente, de 1 a 2 minutos. Vierta la salsa sobre el pescado y sirva.

62. Rollitos de carne griega en salsa de vino

Ingrediente

- 2 libras de carne molida de res magra o pavo

- 4 rebanadas de tostadas blancas secas, desmoronadas

- cebolla y ajo

- 1 huevo, ligeramente batido

- 1 cucharada de azúcar

- Pizca de sal, comino, pimienta negra

- Harina (alrededor de 1/2 C.)

- 1 lata (12 onzas) de pasta de tomate

- $1\frac{1}{2}$ taza de vino tinto seco

- 2 cucharaditas de sal

- Arroz al vapor

- Perejil picado

Direcciones

a) Mezcle el ingrediente seco hasta que esté bien mezclado y firme.

b) Humedezca las manos en agua fría y forme cucharadas de la mezcla de carne en rollos (troncos) de aproximadamente 2-$\frac{1}{2}$" a 3" de largo. Cubra cada rollo ligeramente con harina.

c) En una sartén profunda, caliente alrededor de $\frac{1}{2}$" de aceite y dore los panecillos unos cuantos a la vez, teniendo cuidado de no amontonarlos. Retire los panecillos dorados y colóquelos en toallas de papel para que se escurran.

d) En un horno holandés, mezcle la pasta de tomate, el agua, el vino, la sal y el comino. Agregue los rollos de carne a la salsa. Cubra y cocine a fuego lento durante 45 minutos a una hora, hasta que los rollos de carne estén hechos. Pruebe la salsa y agregue sal si es necesario.

63. Lentejas con verduras glaseadas

Ingrediente

- $1\frac{1}{2}$ taza de lentejas verdes francesas; clasificado y enjuagado

- $1\frac{1}{2}$ cucharadita de sal; dividido

- 1 hoja de laurel

- 2 cucharaditas de aceite de oliva

- Cebolla, apio, ajo

- 1 cucharada de pasta de tomate

- $\frac{2}{3}$ copa de vino tinto seco

- 2 cucharaditas de mostaza Dijon

- 2 cucharadas de mantequilla o aceite de oliva virgen extra

- Pimienta recién molida al gusto

- 2 cucharaditas de perejil fresco

Direcciones

a) Ponga las lentejas en una cacerola con 3 tazas de agua, 1 cucharadita. la sal y la hoja de laurel. Llevar a ebullición.

b) Mientras tanto, caliente el aceite en una sartén mediana. Agregue la cebolla, la zanahoria y el apio, sazone con $\frac{1}{2}$ cucharadita. sal y cocine a fuego medio-alto, revolviendo con frecuencia, hasta que las verduras estén doradas, unos 10 minutos. Agregue el ajo y la pasta de tomate, cocine por 1 minuto más y luego agregue el vino.

c) Lleve a ebullición y luego baje el fuego y cocine a fuego lento, tapado, hasta que el líquido tenga una consistencia de jarabe.

d) Incorporar la mostaza y añadir las lentejas cocidas junto con su caldo.

e) Cocine a fuego lento hasta que la salsa se reduzca en su mayoría, luego agregue la mantequilla y sazone con pimienta.

64. Halibut en salsa de verduras

Ingrediente

- 2 libras de halibut
- $\frac{1}{4}$ taza de harina
- $\frac{1}{2}$ cucharadita de sal
- pimienta blanca
- 1 cucharada de perejil picado
- $\frac{1}{4}$ taza de aceite de oliva
- 1 diente de ajo machacado
- 1 cebolla grande picada
- 1 zanahoria rallada
- 2 tallos de apio picado
- 1 tomate picado grande
- $\frac{1}{4}$ taza de agua
- $\frac{3}{4}$ taza de vino blanco seco

Direcciones

a) Combine la harina, la sal, la pimienta y el perejil: reboce el pescado con la mezcla de harina. Caliente el aceite de oliva en una sartén; añadir el halibut y freír hasta que estén dorados por ambos lados.

b) Retire de la sartén y reserve. Agregue el ajo, la cebolla, la zanahoria y el apio a la sartén: saltee de 10 a 15 minutos, hasta que estén tiernos. Agregue el tomate y el agua, cocine a fuego lento durante 10 minutos.

c) Retire la salsa del fuego y vierta en la licuadora; puré. Agregue el vino. Regrese a la sartén: coloque el pescado en la salsa. Tape y cocine a fuego lento durante 5 minutos.

65. Salchichas de hierbas al vino

Ingrediente

- $\frac{1}{2}$ libra de salchicha dulce italiana

- $\frac{1}{2}$ libra de salchicha picante italiana

- $\frac{1}{2}$ libra Kielbasa

- $\frac{1}{2}$ libra de Buckhurst (salchicha de ternera)

- 5 cebollas verdes, picadas

- 2 tazas de vino blanco seco

- 1 cucharada de hojas de tomillo fresco picado

- 1 cucharada de perejil fresco finamente picado

- $\frac{1}{2}$ cucharadita de Salsa de Pimiento Tabasco

Direcciones

a) Cortar las salchichas en trozos de $\frac{1}{2}$ pulgada. En una sartén profunda a fuego medio, cocina la salchicha italiana de 3 a 5 minutos o hasta que esté ligeramente dorada. Escurra la grasa. Agregue la salchicha restante y las cebollas verdes, y cocine por 5 minutos más.

b) Reduzca el fuego a bajo, agregue el ingrediente restante y cocine a fuego lento durante 20 minutos, revolviendo ocasionalmente. Sirva inmediatamente o manténgalo caliente en un plato de frotamiento. Servir con palillos.

66. Rollitos de pescado al vino blanco

Ingrediente

- ⅔ taza de uvas verdes sin pepitas, partidas a la mitad

- ¾ taza de vino blanco seco

- cuatro; (6 a 8 onzas)

- lenguado sin piel

- ⅓ taza de hojas de perejil fresco picado

- 1 cucharada de tomillo fresco picado

- ¼ taza de cebolla picada

- 2 cucharadas de mantequilla sin sal

- 1 cucharada de harina para todo uso

- ¼ taza de crema espesa

- 1 cucharadita de jugo de limón fresco

Direcciones

a) En un cazo pequeño dejar macerar las mitades de uva en el vino durante 1 hora.

b) Corta los filetes por la mitad a lo largo, sazónalos con sal y pimienta, y espolvorea los lados sin piel con el perejil y el tomillo. Enrolle cada mitad de filete con 1 de las uvas reservadas en el medio y asegúrelo con un palillo de madera.

c) En una cacerola pequeña, cocine la cebolla en la mantequilla, agregue la harina y cocine el roux.

d) Añadir la nata, las uvas maceradas, el zumo de limón, salpimentar al gusto y hervir la salsa removiendo durante 3 minutos.

e) Retire cualquier líquido que se haya acumulado en el plato, divida los rollos de pescado en 4 platos calientes y vierta la salsa sobre ellos.

67. Tofu de hierbas en salsa de vino blanco

Ingrediente

- 2 cucharadas (soja) de margarina
- $1\frac{1}{2}$ cucharada de harina
- $\frac{1}{2}$ taza (de soya) de leche
- $\frac{1}{2}$ taza de vino blanco
- 1 rodaja de cebolla
- 1 chorrito de clavo molido
- 1 pizca de sal
- $\frac{1}{2}$ libra más o menos de tofu con hierbas, en cubos
- Tu pasta favorita, suficiente

Direcciones

a) Derrita la margarina en una sartén y agregue la harina. Enfríe un poco y luego mezcle el vino y la leche (de soya).

b) Agregue la cebolla, los clavos y la sal a la salsa y revuelva a fuego lento hasta que la salsa espese un poco. Si se vuelve demasiado espeso, agregue un poco de agua. Agregue el tofu y cocine a fuego lento mientras cocina la pasta.

c) Sirva el tofu y la salsa sobre la pasta, dando la cebolla a quien más le guste.

68. Pulpo a la plancha en escabeche de vino tinto

Ingrediente

- 2 pulpos limpios de 1 1/2 libras
- Zanahorias, Apio y Cebolla
- 2 hojas de laurel
- 2 cucharaditas de sal
- Pimienta negra entera y tomillo seco
- 2 tazas de vino tinto
- 3 cucharadas de aceite de oliva virgen extra
- 3 cucharadas de vinagre de vino tinto
- 3 cucharadas de vino tinto seco
- sal, pimienta negra molida fresca
- $1\frac{1}{3}$taza de caldo de cocción de pulpo colado
- $\frac{1}{4}$ taza de aceite de oliva virgen extra
- 1 cucharada de jugo de limón
- 2 cucharadas de mantequilla

Direcciones

a) En una cacerola grande combine el pulpo, las zanahorias, el apio, la cebolla, las hojas de laurel, la sal, la pimienta, el tomillo, el vino tinto y el agua. Llevar a ebullición lenta.

b) Hacer la marinada: en un tazón pequeño combine el ingrediente de la marinada. Vierta sobre el pulpo y revuelva para cubrir.

c) Hacer la salsa: en una cacerola pequeña combine el caldo reservado colado, el aceite de oliva, el jugo de limón y el vinagre. Agregue el perejil.

d) Ase a la parrilla durante 4 minutos, volteando con frecuencia, hasta que esté ligeramente carbonizado y bien caliente.

69. Plátanos dulces al vino al horno

Ingrediente

- 4 cada uno Plátanos bien maduros
- 1 taza de aceite de oliva
- $\frac{1}{2}$ taza de azúcar moreno
- $\frac{1}{2}$ cucharadita de canela molida
- 1 taza de vino de Jerez

Direcciones

a) Precaliente el horno a 350F. Retire la cáscara de los plátanos y córtelos a lo largo por la mitad. En una sartén grande, caliente el aceite a fuego medio y agregue los plátanos.

b) Cocínelos hasta que estén ligeramente dorados por cada lado. Colóquelos en una fuente para horno grande y espolvoree azúcar por encima. Agregue la canela y cubra con el vino. Hornea por 30 minutos, o hasta que tomen un tono rojizo.

70. Pasta en salsa de limón y vino blanco

Ingrediente

- $1\frac{1}{2}$ libras de pasta; tu elección

- 1 pechuga de pollo completa; cocido, juliana

- 10 onzas de espárragos; blanqueado

- $\frac{1}{4}$ taza de mantequilla

- $\frac{1}{2}$ cebolla pequeña

- 4 cucharadas de harina para todo uso

- 2 tazas de vino blanco seco

- 2 tazas de caldo de pollo

- 12 cucharaditas de ralladura de limón

- 1 cucharada de tomillo fresco; Cortado

- 1 cucharada de eneldo fresco; Cortado

- 3 cucharadas de mostaza Dijon

- Sal y pimienta; probar

- Queso parmesano; rallado

Direcciones

a) Cocine la pasta y mantenga Cocine la pechuga de pollo y blanquee los espárragos; sostener. Caliente la mantequilla en una cacerola grande a fuego medio-bajo. Agregue la cebolla y saltee hasta que esté ligeramente dorada y muy suave.

b) Agregue la harina y reduzca el fuego a bajo. Revuelva hasta que esté completamente mezclado. Batir muy poco a poco el vino blanco y el caldo.

c) Llevar la salsa a ebullición y luego dejar cocer a fuego lento durante 10 minutos. Agregue la ralladura de limón, el tomillo, el eneldo, la mostaza y sazone al gusto con sal y pimienta blanca. Agregar el pollo cocido y en juliana y los espárragos.

71. Pasta con mejillones al vino

Ingrediente

- 1 libra de mejillones (en sus conchas)

- Vino blanco (suficiente para llenar una cacerola grande y poco profunda aproximadamente 1/2 pulgada)

- 2 dientes de ajo grandes, finamente picados

- 2 cucharadas de aceite de oliva

- 1 cucharadita de pimienta recién molida

- 3 cucharadas de albahaca fresca picada

- 1 tomate grande, picado en trozos grandes

- 2 libras de pasta

Direcciones

a) Lave bien los mejillones, quíteles todas las barbas y raspe las conchas según sea necesario. Colocar en una cacerola con vino.

b) Cubra bien y cocine al vapor hasta que se abran las conchas. Mientras los mejillones se enfrían un poco, ponga el caldo de vino a fuego medio y agregue el ajo, el aceite de oliva, la pimienta, el tomate y la albahaca.

c) ¡Vierta la salsa sobre los linguini o fettuccini calientes y sirva!

72. Fetucine al vino tinto y aceitunas

Ingrediente

- $2\frac{1}{2}$ taza de harina
- 1 taza de harina de sémola
- 2 huevos
- 1 taza de vino tinto seco
- 1 porción de lumache alla marchigiana

Direcciones

a) Para Preparar la Pasta: Hacer un pozo con la harina y poner en el centro los huevos y el vino.

b) Con un tenedor, bata los huevos y el vino y comience a incorporar la harina comenzando por el borde interior del pozo.

c) Comience a amasar la masa con ambas manos, usando las palmas de las manos.

d) Estirar la pasta a la configuración más delgada en la máquina de pasta. Corte la pasta en fideos gruesos de $\frac{1}{4}$ de pulgada

a mano o con una máquina y reserve
debajo de una toalla húmeda.

e) Ponga a hervir 6 cuartos de galón de agua
y agregue 2 cucharadas de sal. Caliente
el caracol hasta que hierva y reserve.

f) Coloque la pasta en agua y cocine hasta
que esté tierna. Escurra la pasta y
colóquela en una sartén con los caracoles,
revolviéndola bien para cubrirla. Sirva
inmediatamente en un plato de servir
tibio.

73. Pasta orecchiette y pollo

Ingrediente

- 6 muslos de pollo grandes, deshuesados y sin piel
- Sal y Pimienta Negra Recién Molida, al gusto
- 2 cucharadas de aceite de oliva o canola
- $\frac{1}{2}$ libra de hongos shiitake frescos
- Cebolla, Ajo, Zanahorias y Apio
- 2 tazas de vino tinto abundante
- 2 tazas de tomates maduros, cortados en cubitos, sin semillas
- 1 cucharadita de tomillo fresco/salvia fresca
- 4 tazas de caldo de pollo
- $\frac{1}{3}$ taza de perejil finamente picado
- $\frac{1}{2}$ libra de pasta Orecchiette, sin cocer
- $\frac{1}{4}$ taza de albahaca fresca picada
- $\frac{1}{4}$ taza de tomates secos escurridos

- Ramitas de albahaca fresca

- Queso Asiago o Parmesano Recién Rallado

Direcciones

a) Sazone el pollo y dore rápidamente el pollo a fuego alto.

b) Agregue los champiñones, la cebolla, el ajo, las zanahorias y el apio y saltee hasta que estén ligeramente dorados. Regrese el pollo a la sartén y agregue el vino, los tomates, el tomillo, la salvia y el caldo y cocine a fuego lento. Agregue el perejil y mantenga caliente.

c) Prepara la pasta y sirve. Adorne con albahaca primavera y queso rallado.

74. Ternera con salsa portobello

Ingrediente

- 500 gramos de carne picada magra
- $\frac{1}{2}$ Vino tinto seco
- $\frac{1}{2}$ cucharadita de Pimienta; suelo grueso
- 4 cucharadas de queso roquefort o stilton
- $\frac{3}{4}$ libras de Portobellos; (375g o 4 med)

Direcciones

a) Dorar la carne de 2 a 4 minutos por lado

b) Vierta $\frac{1}{2}$ taza de vino y muela generosamente la pimienta sobre las empanadas.

c) Reduzca el fuego a medio y cocine a fuego lento, sin tapar, durante 3 minutos. Voltee las hamburguesas, desmenuce el queso por encima y continúe cocinando a fuego lento sin tapar hasta que el queso comience a derretirse, aproximadamente 3 minutos.

d) Mientras tanto, separe los tallos de las tapas de los champiñones. Corte los tallos y las tapas en rodajas gruesas.

e) Agregue los champiñones al vino en la sartén y revuelva constantemente hasta que estén calientes.

f) Coloque los champiñones alrededor de las empanadas, luego vierta la salsa por encima.

75. Salchicha italiana de queso y vino tinto

Ingrediente

- 4 libras de carne de cerdo, sin hueso, hombro o trasero

- 1 cucharada de semillas de hinojo, molidas en mortero

- 2 hojas de laurel, trituradas

- $\frac{1}{4}$ taza de perejil, picado

- 5 ajos, prensados

- $\frac{1}{2}$ cucharadita de pimienta, roja, en hojuelas

- 3 cucharaditas de sal, kosher

- 1 cucharadita de pimienta, negra, recién molida

- 1 taza de queso, parmesano o romano, rallado

- $\frac{3}{4}$ taza de vino, tinto

- 4 tripas de salchicha (alrededor de

Direcciones

a) Muele la carne en el procesador de alimentos o en el accesorio para picar carne Kitchen Aid para batidora.

b) Mezcle todos los ingredientes y deje reposar durante 1 hora para que los sabores se mezclen.

c) Rellene las salchichas en tripas con el accesorio para rellenar salchichas Kitchen Aid o cómprelas a mano con el embudo para salchichas.

76. Champiñones y tofu al vino

Ingrediente

- 1 cucharada de aceite de cártamo
- 2 cada uno dientes de ajo, picados
- 1 cebolla grande, picada
- $1\frac{1}{2}$ libras de champiñones, en rodajas
- $\frac{1}{2}$ pimiento verde mediano, cortado en cubitos
- $\frac{1}{2}$ taza de vino blanco seco
- $\frac{1}{4}$ taza de tamari
- $\frac{1}{2}$ cucharadita de jengibre rallado
- 2 cucharaditas de aceite de sésamo
- $1\frac{1}{2}$ cucharada de maicena
- 2 de cada Tortas de tofu, rallado
- almendras trituradas

Direcciones

a) Caliente el cártamo en un wok. Cuando esté caliente, agregue el ajo y la cebolla y saltee a fuego moderadamente bajo hasta que la cebolla esté transparente. Agregue los champiñones, el pimiento, el vino, el tamari, el jengibre y el aceite de sésamo. Mezcla.

b) Disuelva la maicena en una pequeña cantidad de agua y revuelva en la sartén.

c) Agregue el tofu, cubra y cocine a fuego lento durante otros 2 minutos.

77. Sopa de vino de albaricoque

Ingrediente

- 32 onzas de albaricoques enlatados; sin drenar

- 8 onzas de crema agria

- 1 taza de Chablis o vino blanco seco

- $\frac{1}{4}$ taza de licor de albaricoque

- 2 cucharadas de jugo de limón

- 2 cucharaditas de extracto de vainilla

- $\frac{1}{4}$ de cucharadita de canela molida

Direcciones

a) Combine todos los ingredientes en un recipiente de licuadora eléctrica o procesador de alimentos, procese hasta que quede suave.

b) Cubra y enfríe completamente. Sirva la sopa en tazones de sopa individuales. Adorne con crema agria adicional y canela molida.

78. Sopa de champiñones con vino tinto

Ingrediente

- 50 GRAMOS; (2-3 oz) de mantequilla, (50 a 75)

- 1 cebolla grande; Cortado

- 500 gramos de champiñones; en rodajas (1 libra)

- 300 mililitros Vino tinto seco; (1/2 pinta)

- 900 mililitros Caldo de verduras; (1 1/2 pintas)

- 450 mililitros Crema doble; (3/4 pinta)

- Un manojo pequeño de perejil fresco; picado finamente, para decorar

Direcciones

a) Derrita 25 g (1 oz) de mantequilla en una sartén pequeña a fuego medio-bajo y fría la cebolla durante 2-3 minutos, hasta que esté suave, revolviendo con frecuencia.

b) Caliente otros 25 g (1 oz) de mantequilla en una cacerola grande a fuego medio-bajo.

c) Añade los champiñones y fríelos durante 8-10 minutos, hasta que estén tiernos.

d) Agregue el vino y cocine por 5 minutos más. Agregue el caldo y la cebolla, y cocine a fuego lento, sin hervir, a fuego lento, durante 15 minutos.

e) Cuando esté listo para servir, vuelva a calentar la sopa suavemente a fuego lento y agregue la crema.

79. Borleves (sopa de vino)

Ingrediente

- 4 tazas de vino tinto o blanco
- 2 tazas de agua
- 1 cucharadita de cáscara de limón rallada
- 8 cada uno
- 1 rama de canela de cada uno
- 3 yemas de huevo
- $\frac{3}{4}$ taza de azúcar

Direcciones

a) Vierta el vino y el agua en la cacerola. Añadir la piel de limón rallada, los clavos y la canela. Cocine a fuego lento durante 30 minutos.

b) Retire del fuego y deseche los clavos y la rama de canela. En el tazón pequeño, bata las yemas de huevo con un batidor de alambre. Agregue el azúcar poco a poco y continúe batiendo hasta que espese. Revuelva la mezcla de yema de huevo en la sopa caliente.

c) Regresar la cacerola al fuego y llevar al punto de ebullición. No permita que la sopa hierva o las yemas de huevo se revolverán. Servir en tazas calientes.

80. Sopa de vino de cereza

Ingrediente

- 1 onza Lata de cerezas rojas agrias sin hueso

- $1\frac{1}{2}$ taza de agua

- $\frac{1}{2}$ taza de azúcar

- 1 cucharada de tapioca de cocción rápida

- $\frac{1}{8}$ cucharadita de clavo molido

- $\frac{1}{2}$ taza de vino tinto seco

Direcciones

a) En una cacerola de $1\frac{1}{2}$ cuartos, mezcle las cerezas sin escurrir, el agua, el azúcar, la tapioca y los clavos. Deje reposar 5 minutos. Llevar a ebullición.

b) Reduzca el calor; cubra y cocine a fuego lento durante 15 minutos, revolviendo ocasionalmente.

c) Alejar del calor; agregue el vino. Cubra y enfríe, revolviendo ocasionalmente. Rinde de 6 a 8 porciones.

81. sopa de manzana danesa

Ingrediente

- 2 manzanas grandes, sin corazón, peladas
- 2 tazas de agua
- 1 rama de canela (2")
- 3 clavos enteros
- $\frac{1}{8}$ cucharadita de sal
- $\frac{1}{2}$ taza de azúcar
- 1 cucharada de maicena
- 1 taza de ciruelas pasas frescas, sin pelar y en rodajas
- 1 taza de duraznos frescos, pelados y cortados
- $\frac{1}{4}$ taza de vino de Oporto

Direcciones

a) Combine las manzanas, el agua, la rama de canela, los clavos y la sal en una cacerola mediana-grande.

b) Mezcle el azúcar y la maicena y agréguelos a la mezcla de puré de manzana.

c) Agregue las ciruelas y los duraznos y cocine a fuego lento hasta que estas frutas estén tiernas y la mezcla se haya espesado un poco.

d) Añadir el vino de Oporto.

e) Cubra las porciones individuales con una cucharada de crema agria ligera o yogur de vainilla sin grasa.

82. Ensalada de gelatina de vino de arándanos

Ingrediente

- 1 paquete grande. gelatina de frambuesa
- $1\frac{1}{4}$ taza de agua hirviendo
- 1 lata grande de salsa de arándanos
- 1 lata grande triturada sin escurrir
- Piña
- 1 taza de nueces picadas
- $\frac{3}{4}$ taza de vino de Oporto
- 8 onzas de queso crema
- 1 taza de crema agria
- Disuelva la gelatina en agua hirviendo. Revuelva la salsa de arándanos a fondo.

Direcciones

a) Agrega la piña, las nueces y el vino. Vierta en un plato de vidrio de 9 x 13 pulgadas y enfríe durante 24 horas.

b) Cuando esté listo para servir, revuelva el queso crema hasta que esté suave,

agregue la crema agria y bata bien.
esparcir sobre la gelatina.

83. Mostaza Dijon con hierbas y vino

Ingrediente

- 1 taza de mostaza Dijon
- $\frac{1}{2}$ cucharadita de albahaca
- $\frac{1}{2}$ cucharadita de estragón
- $\frac{1}{4}$ taza de vino tinto

Direcciones

a) Mezcle todos los ingredientes.

b) Refrigere durante la noche para mezclar sabores antes de usar. Almacenar en refrigerador.

84. Bucatini Infusionado con Vino

Ingrediente

- 2 cucharadas de aceite de oliva, dividido
- 4 salchichas picantes de cerdo estilo italiano
- 1 chalote grande, en rodajas
- 4 dientes de ajo, picados
- 1 cucharada de pimentón ahumado
- 1 pizca de pimienta de cayena
- 1 pizca de hojuelas de pimiento rojo triturado
- Sal al gusto
- 2 tazas de vino blanco seco,
- 1 lata (14.5 onzas) de tomates asados cortados en cubitos
- 1 libra de bucatini
- 1 cucharada de mantequilla sin sal
- 1/2 taza de queso parmesano recién rallado
- 1/ 2 taza de perejil fresco picado

Direcciones:

a) En una olla grande o en un horno holandés, caliente 1 cucharada de aceite de oliva a fuego medio. Agregue la salchicha y cocine hasta que se dore, aproximadamente 8 minutos.

b) Agregue el ajo y cocine un minuto más. Cuando el ajo esté fragante y dorado, agregue el pimentón ahumado, la pimienta de cayena y las hojuelas de pimiento rojo. Condimentar con sal y pimienta.

c) Desglasar la sartén con el vino, raspando cualquier trozo marrón del fondo de la sartén.

d) Agregue los tomates cortados en cubitos asados al fuego y el agua y cocine a fuego lento. Agregue los bucatini y cocine.

e) Cuando la pasta esté cocida, agregue la salchicha reservada, la mantequilla, el queso parmesano y el perejil picado.

f) Sazone al gusto con sal y pimienta y ¡disfrútelo!

85. Espárragos al vino

Ingrediente

- 2 libras de espárragos

- Agua hirviendo

- $\frac{1}{4}$ taza de mantequilla

- $\frac{1}{4}$ taza de vino blanco

- $\frac{1}{2}$ cucharadita de sal

- $\frac{1}{4}$ cucharadita de pimienta

Direcciones

a) Lave los espárragos y corte los extremos. Coloque las lanzas en una cacerola poco profunda y cúbralas con agua hirviendo con sal hasta cubrirlas. Llevar a ebullición y cocine a fuego lento durante 8 minutos.

b) Escurrir y convertir en moldes con mantequilla. Derrita la mantequilla y agregue el vino. Vierta sobre los espárragos. Espolvorear con sal y pimienta y queso. Hornee a 425' por 15 minutos.

86. Chuletillas de caza marinadas en mostaza y vino

Ingrediente

- 4 chuletas de caribú o venado

- $\frac{1}{4}$ cucharadita de pimienta

- 1 cucharadita de sal

- 3 cucharadas de mostaza molida a la piedra

- 1 taza de vino tinto

Direcciones

a) Frote las chuletas con mostaza. Espolvorear con sal y pimienta. Cubra con vino y deje marinar durante la noche en el refrigerador.

b) Ase a la parrilla o al carbón a fuego medio rociado con la marinada.

87. Alitas de pollo con aderezo de vino

Ingrediente

- 8 alitas de pollo

- $\frac{1}{4}$ taza de maicena

- 2 cucharaditas de sal

- 1 taza de aceite de oliva

- 1 taza de vinagre de vino de estragón

- $\frac{3}{4}$ taza de vino blanco seco

- $\frac{1}{2}$ cucharadita de mostaza seca

- Albahaca seca, estragón, orégano y pimienta blanca

- Aceite para freír

- Sal pimienta

- 1 tomate pequeño

- $\frac{1}{2}$ pimiento verde mediano

- $\frac{1}{2}$ cebolla pequeña en rodajas finas en aros

Direcciones

a) Pasa el pollo por maicena mezclada con 2 cucharaditas de sal y pimienta blanca.

b) Caliente el aceite a una profundidad de $\frac{1}{2}$ pulgada en una sartén pesada y fría el pollo hasta que esté dorado y tierno, aproximadamente 7 minutos por cada lado.

c) Para hacer el aderezo, combine el aceite, el vinagre, el vino, el ajo, la mostaza, el azúcar, la albahaca, el orégano y el estragón. Sazone al gusto con sal y pimienta.

d) Combine las rodajas de tomate, el pimiento verde y las rodajas de cebolla con el aderezo y mezcle bien.

88. Oeufs en meurette

Ingrediente

- Chalotes; 6 pelados
- $2\frac{1}{2}$ tazas de vino Beaujolais; más
- 1 cucharada de vino Beaujolais
- 2 champiñones blancos; descuartizado
- 3 rebanadas de tocino; 2 picados gruesos
- 4 rebanadas de pan francés
- 3 cucharadas de mantequilla; suavizado
- 2 dientes de ajo; 1 entero, triturado,
- Más 1 finamente picado
- 1 hoja de laurel
- $\frac{1}{2}$ taza de caldo de pollo
- $1\frac{1}{4}$ cucharada de harina
- 1 cucharada de vinagre de vino tinto
- 4 huevos grandes
- 1 cucharada de perejil

Direcciones

a) Asa los chalotes hasta que estén bien dorados, rociándolos con $\frac{1}{2}$ taza de vino. Agrega los champiñones a la sartén; colóquelo en el asador caliente durante 5 minutos, agregue el tocino picado en trozos grandes y ase.

b) Prepare croutes: Frote las rebanadas de pan con un diente de ajo machacado y colóquelas en una bandeja para hornear. Asar.

c) Pochar los huevos durante 2 minutos hasta que cuaje.

d) Vierta la salsa sobre los huevos, espolvoree con perejil y sirva de inmediato.

89. Risotto de champiñones y vino tinto

Ingrediente

- 1 onza de champiñones porcini; seco

- 2 tazas de agua hirviendo

- $1\frac{1}{2}$ libras de champiñones; cremini o blanco

- 6 cucharadas de mantequilla sin sal

- $5\frac{1}{2}$ taza de caldo de pollo

- 6 onzas de panceta; 1/4 de pulgada de espesor

- 1 taza de cebolla; picado fino

- Romero fresco y salvia

- 3 tazas de arroz arbóreo

- 2 tazas de vino tinto seco

- 3 cucharadas de perejil fresco; picado fino

- 1 taza de queso parmesano; recién

Direcciones

a) En un tazón pequeño, remoje los porcini en agua hirviendo durante 30 minutos.

b) Cocine la panceta a fuego moderado. Agregue cremini o champiñones blancos finamente picados reservados, las cucharadas restantes de mantequilla, cebolla, romero, salvia y sal y pimienta al gusto mientras revuelve hasta que la cebolla se ablande. Agregue el arroz y cocine.

c) Agregue 1 taza de caldo hirviendo a fuego lento y cocine, revolviendo constantemente, hasta que se absorba.

90. Gazpacho de vino tinto

Ingrediente

- 2 rebanadas de pan blanco
- 1 taza de agua fría; más si es necesario
- 1 libra de tomates grandes muy maduros
- 1 pimiento rojo
- 1 pepino mediano
- 1 diente de ajo
- $\frac{1}{4}$ taza de aceite de oliva
- $\frac{1}{2}$ taza de vino tinto
- 3 cucharadas de vinagre de vino tinto; más si es necesario
- Sal y pimienta
- 1 pizca de azúcar
- Cubos de hielo; (para servir)

Direcciones

a) Poner el pan en un bol pequeño, verter el agua y dejar en remojo. Descorazona los tomates, córtalos transversalmente y quita las semillas. Cortar la carne en trozos grandes.

b) Haga puré las verduras en el procesador de alimentos en dos lotes, agregando el aceite de oliva y el pan empapado al último lote. Agregue el vino, el vinagre, la sal, la pimienta y el azúcar.

c) Vierta en tazones, agregue un cubo de hielo y cubra con una tira anudada de cáscara de pepino.

91. Arroz y verduras al vino

Ingrediente

- 2 cucharadas de aceite

- 1 cada cebolla, picada

- 1 calabacín mediano, picado

- 1 zanahoria mediana, picada

- 1 de cada tallo de apio, picado

- 1 taza de arroz de grano largo

- $1\frac{1}{4}$ taza de caldo de verduras

- 1 taza de vino blanco

Direcciones

a) Calienta el aceite en una cacerola y saltea la cebolla. Agregue el resto de las verduras y revuélvalas a fuego medio, hasta que estén ligeramente doradas.

b) Añadir el arroz, el caldo de verduras y el vino blanco, tapar y cocinar 15-20 minutos hasta que se haya absorbido todo el líquido.

92. Salmón baby relleno de caviar

Ingrediente

- ½ taza de aceite de oliva

- 1 libra Huesos, salmón

- 1 libra de mantequilla

- 2 tazas de Mirepoix

- 4 hojas de laurel

- orégano, tomillo, granos de pimienta, blanco

- 4 cucharadas de puré, chalota

- ¼ taza de coñac

- 2 tazas de vino, tinto

- 1 taza de caldo de pescado

Direcciones

a) En una sartén, calentar el aceite de oliva.

b) Agregue los huesos de salmón a la sartén y saltee durante aproximadamente 1 minuto.

c) Agregue mantequilla (alrededor de 2 cucharadas), 1 taza de mirepoix, 2 hojas de laurel, $\frac{1}{4}$ de cucharadita de tomillo, $\frac{1}{4}$ de cucharadita de granos de pimienta y 2 cucharadas de puré de chalota. Agregue el coñac y la llama.

d) Desglasar con 1 taza de vino tinto y cocinar a fuego alto durante 5 a 10 minutos.

e) Mantequilla derretida. Agregue 2 cucharadas de puré de chalota, 1 taza de mirepoix, 2 hojas de laurel, $\frac{1}{4}$ de cucharadita de granos de pimienta, $\frac{1}{4}$ de cucharadita de orégano, $\frac{1}{4}$ de cucharadita de tomillo y 3 tazas de vino tinto.

f) Desglasar Colar y reservar.

93. Arroz pilaf con ajo y vino

Ingrediente

- 1 corteza de 1 limón

- 8 dientes de ajo, pelados

- $\frac{1}{2}$ taza de perejil

- 6 cucharadas de mantequilla sin sal

- 1 taza de arroz regular (no instantáneo)

- $1\frac{1}{4}$ taza de caldo de pollo

- $\frac{3}{4}$ taza de vermut seco

- Sal y pimienta para probar

Direcciones

a) Picar juntos la piel de limón, el ajo y el perejil.

b) Caliente la mantequilla en una olla pesada de 2 qt. Cocine la mezcla de ajo muy suavemente durante 10 minutos. Agregue el arroz.

c) Remueve a fuego medio durante 2 minutos. Combine el caldo y el vino en una cacerola. Revuelva en el arroz; agregue sal y pimienta recién molida.

d) Coloque una toalla sobre la olla y cubra la toalla hasta que sea hora de servir.

e) Servir caliente oa temperatura ambiente.

94. Hígado de cordero vasco con salsa de vino tinto

Ingrediente

- 1 taza de vino tinto seco

- 1 cucharada de vinagre de vino tinto

- 2 cucharaditas de ajo fresco picado

- 1 hoja de laurel

- $\frac{1}{4}$ de cucharadita de sal

- 1 libra de hígado de cordero

- 3 cucharadas de aceite de oliva español

- 3 rebanadas de tocino, picadas

- 3 cucharadas de italiano finamente picado

- Perejil

Direcciones

a) Combine el vino, el vinagre, el ajo, el laurel y la sal en una fuente de vidrio para hornear. Agregue el hígado y cubra bien con la marinada.

b) Agregue el tocino y cocine hasta que esté dorado y crujiente. Escurrir sobre toallas de papel.

c) Retire el hígado de la marinada y séquelo. Dore el hígado en la grasa de la sartén durante 2 minutos por cada lado. Retirar a una fuente caliente.

d) Vierta la marinada en una sartén caliente y hierva, sin tapar, hasta que se reduzca a la mitad. Esparza los trozos de tocino sobre el hígado, vierta la marinada encima y espolvoree con perejil.

95. Ternera estofada en vino barolo

Ingrediente

- 2 dientes de ajo picados

- $3\frac{1}{2}$ libras de carne de res, parte inferior redonda o tirada

- Sal pimienta

- 2 hojas de laurel, frescas o secas

- Tomillo, seco, pizca

- 5 copas de Vino, Barolo

- 3 cucharadas de mantequilla

- 2 cucharadas de aceite de oliva

- 1 cebolla, mediana, finamente picada

- 1 zanahoria, finamente picada

- 1 tallo de apio, finamente picado

- $\frac{1}{2}$ libra de champiñones, blancos

Direcciones

a) Frote el ajo en la carne. Condimentar con sal y pimienta. Coloque la carne en un tazón grande. Agregue las hojas de laurel, el tomillo y suficiente vino para cubrir la carne.

b) Derrita 2 cucharadas de mantequilla con aceite en una cacerola grande y pesada. Cuando la mantequilla haga espuma, agregue la carne. Dore la carne por todos lados a fuego medio.

c) Retire la carne de la cacerola. Agregue la cebolla, la zanahoria y el apio a la cacerola. Saltee hasta que esté ligeramente dorado. Regrese la carne a la cacerola. Vierta la marinada reservada a través de un colador sobre la carne.

d) Derrita 1 cucharada de mantequilla en una sartén mediana. Saltee los champiñones a fuego alto hasta que estén dorados. Agregue los champiñones a la carne y cocine 5 minutos más.

96. Scrod estofado en vino blanco

Ingrediente

- ¾ taza de aceite de oliva; más

- 2 cucharadas de aceite de oliva

- 1½ libras de filetes de lomo; cortar 2x 2 piezas

- ¼ taza de harina para rebozar; sazonada con

- 1 cucharadita de explosión de pantano

- 1 cucharadita de ajo picado

- ½ taza de pera o tomates cherry

- ¼ taza de aceitunas Kalamata; rebanado

- 2 tazas de hojas de orégano sueltas

- ¼ taza de vino blanco seco

- 1 cucharadita de ralladura de limón picada

Direcciones

a) Pase los trozos de pescado por la harina sazonada, sacudiendo el exceso.

b) Coloque cuidadosamente todos los trozos de pescado en el aceite caliente y cocine por 2 minutos.

c) En una sartén grande, calienta las 2 cucharadas restantes de aceite de oliva a fuego medio. Agregue el ajo picado y cocine por 30 segundos. Coloque el pescado en la sartén con los tomates, las aceitunas Kalamata, el orégano fresco, el vino blanco, la ralladura de limón, el agua, la sal y la pimienta.

d) Tape y cocine por 5 minutos a fuego medio. Servir la salsa con un cucharón sobre el pescado.

97. Calamares en umido

Ingrediente

- 16 calamares pequeños, frescos
- $\frac{1}{4}$ taza de aceite de oliva, virgen extra
- 1 cucharada de cebolla; Cortado
- $\frac{1}{2}$ cucharada de ajo; Cortado
- $\frac{1}{4}$ de cucharadita de pimiento rojo; aplastada
- $\frac{1}{3}$ copa Chardonnay
- $\frac{1}{4}$ taza de caldo de pescado
- 3 ramitas de perejil, italiano; Cortado
- Sal pimienta

Direcciones

a) Limpiar y pelar los calamares si no lo ha hecho ya la lonja. Caliente el aceite de oliva en una sartén a fuego medio.

b) Sofríe la cebolla, el ajo y el pimiento rojo triturado durante 30 segundos a fuego medio-alto, luego agrega los calamares en rodajas y todos los demás ingredientes.

c) Lleve la sartén a ebullición y cocine a fuego lento durante unos tres minutos, hasta que la salsa se reduzca en aproximadamente un tercio. Sirve dos entradas o cuatro aperitivos.

98. Rabo de toro estofado al vino tinto

Ingrediente

- 6 libras de rabo de buey

- 6 tazas de vino tinto

- $\frac{1}{2}$ taza de vinagre de vino tinto

- 3 tazas de Cebolla Cipollini o Cebolla Perla

- $1\frac{1}{2}$ taza de apio, en rodajas

- 2 tazas de zanahorias, en rodajas

- 1 cucharadita de bayas de enebro

- $\frac{1}{2}$ cucharadita de granos de pimienta negra

- sal kosher, pimienta negra

- $\frac{1}{3}$ taza de harina

- $\frac{1}{4}$ taza de aceite de oliva

- $\frac{1}{3}$ taza de pasta de tomate

- 2 cucharadas de perejil

Direcciones

a) Coloque los rabos de buey en un recipiente grande no reactivo. Agregue el vino, el vinagre, las cebollas cipollini, el apio, las zanahorias, las bayas de enebro, los granos de pimienta y el perejil.

b) Dore los rabos de toro por todos lados, en aceite durante 10 a 15 minutos.

c) Regrese los rabos de buey a la sartén con la marinada, las bayas de enebro, los granos de pimienta y 2 tazas de agua. Agregue la pasta de tomate hasta que se disuelva. Tapar y hornear por 2 horas.

d) Agregue las verduras reservadas. Cocine a fuego lento y ajuste la sazón

99. Cazuela de pescado al vino

Ingrediente

- 2 cucharadas de mantequilla o margarina
- 1 cebolla mediana, en rodajas finas
- $\frac{1}{2}$ taza de vino blanco seco
- 2 libras de filetes de halibut
- Leche
- 3 cucharadas de harina
- Sal pimienta
- Lata de $8\frac{1}{2}$ onzas de guisantes pequeños, escurridos
- $1\frac{1}{2}$ taza de fideos fritos chinos

Direcciones

a) Mantequilla derretida. Agregue la cebolla y caliente, sin tapar, en el horno de microondas, 3 minutos. Añadir el vino y el pescado y calentar.

b) Escurra los jugos de la sartén en una taza medidora y agregue suficiente leche para que los jugos de la sartén equivalgan a 2 tazas.

c) Derrita las 3 cucharadas de mantequilla o margarina en el Horno de Microondas por 30 segundos.

d) Agregue la harina, la sal y la pimienta. Agregue gradualmente la mezcla líquida de pescado reservada.

e) Calentar, sin tapar, en el horno de microondas durante 6 minutos revolviendo con frecuencia hasta que espese y quede suave. Agregue los guisantes a la salsa.

f) Agregue la salsa al pescado en la cacerola y revuelva suavemente. Caliente, sin tapar, en el horno de microondas durante 2 minutos. Espolvorea los fideos sobre el pescado y calienta. Atender

100. Chuletas De Cerdo A La Parrilla Con Infusión De Vino

Ingrediente

- 2 botellas (16 onzas) de vino tinto para cocinar Holland House®
- 1 cucharada de romero fresco picado
- 3 dientes de ajo, picados
- ⅓ taza de azúcar morena envasada
- 1 ½ cucharaditas de sal de mesa
- 1 cucharadita de pimienta recién molida
- 4 (8 onzas) chuletas de cerdo cortadas en el centro, de 3/4 de pulgada de grosor
- 1 cucharadita de chile ancho en polvo

Direcciones

a) Vierta el vino de cocina en un recipiente no metálico. Agregue azúcar, sal y pimienta; revuelve hasta que el azúcar y la sal se disuelvan. Agregue la infusión de sabor enfriada.

b) Coloque las chuletas de cerdo en salmuera para que estén completamente sumergidas.

c) Precaliente la parrilla a fuego medio-bajo, 325-350 grados F.

d) Ase a la parrilla 10 minutos; dar vuelta y asar de 4 a 6 minutos.

e) Retire, cubra con papel aluminio y deje reposar 5 minutos antes de servir.

CONCLUSIÓN

Los creadores de recetas modernas pasan mucho tiempo promocionando infusiones caseras, tinturas y platos con infusión de vino. Y por una buena razón: los jarabes y licores personalizados permiten a los bares crear cócteles exclusivos que no siempre se pueden replicar.

La mayoría de los ingredientes se pueden usar para infusionar con vino. Sin embargo, los ingredientes que tienen un contenido de agua natural, como las frutas frescas, tienden a funcionar mejor.

Sin embargo, la elección es suya y la experimentación es parte de la diversión. Intente lo que pruebe, ilos resultados serán agradables!